__________ 학교 ___ 학년___반__________ 의 책이에요.

신나는 **교과 체험학습** 시리즈 이렇게 활용하세요!

'체험학습'이란 책에서나 수업 시간에 배운 지식을 실제 현장에서 직접 경험해 보는 공부 방법이에요. 단순히 전시된 물건을 관람하거나 공연을 보는 것이 아니라 학습을 하기 전에 미리 필요한 정보를 조사하는 것까지를 포함한 모든 활동을 의미해요. 어떻게 공부할 것인지를 준비하면 그렇지 않은 경우보다 훨씬 더 많은 것을 보고 느끼게 되겠지요. 이 책은 체험학습을 하려는 어린이들에게 좋은 길잡이 역할을 할 거예요.

❶ 가기 전에 읽어 보세요

이 책은 체험학습 현장을 어린이들이 쉽게 이해할 수 있도록 풀이한 안내서예요. 어린이들이 직접 체험학습 현장을 찾아가는 데 필요한 정보가 들어 있어요. 체험학습 현장을 가기 전에 꼼꼼히 읽어 보세요.

❷ 현장에서 비교해 보세요

이 책에는 국립중앙박물관 중·근세관의 역사적 유물을 이해하는 데 필요한 자세한 설명과 배경지식이 담겨 있어요. 화려한 불교 문화를 꽃피운 고려의 유물부터 조선의 500년 역사를 알게 해 주는 다양한 유물을 만나 보아요.

❸ 스스로 활동해 보세요

이 시리즈는 단지 지식을 전달하기 위한 교양서가 아니에요. 어린이 여러분이 교과서로 수업 시간에 배운 내용을 실제 현장에서 직접 체험하며 익힐 수 있도록 다양한 활동 내용을 담았지요. 책 중간이나 뒷부분에 이해를 돕기 위한 활동이 있으니 꼭 스스로 정리해 보세요.

❹ 견학 후 활동이 다양해요

체험학습 후에는 반드시 견학 후 여러 가지 활동을 해 보세요. 보고서 쓰기, 신문 만들기, 그림 그리기 등을 통해 체험학습에서 보고 들은 내용을 다시 한번 정리하면 알찬 체험학습이 될 거예요.

신나는 교과 체험학습 38

우리의 역사가 깃든 유물을 만나요 국립중앙박물관 중·근세관

초판 1쇄 발행 | 2012. 5. 8.
개정 3판 6쇄 발행 | 2023. 11. 10.

글 조혜진 | 그림 민재회

발행처 김영사 | **발행인** 고세규
등록번호 제 406-2003-036호 | **등록일자** 1979. 5. 17.
주소 경기도 파주시 문발로 197(우10881)
전화 마케팅부 031-955-3100 | 편집부 031-955-3113~20 | 팩스 031-955-3111

값은 표지에 있습니다.
ISBN 978-89-349-9652-1 64000
ISBN 978-89-349-8306-4 (세트)

좋은 독자가 좋은 책을 만듭니다. 김영사는 독자 여러분의 의견에 항상 귀 기울이고 있습니다.
전자우편 book@gimmyoung.com | 홈페이지 www.gimmyoungjr.com

어린이제품 안전특별법에 의한 표시사항
제품명 도서 **제조년월일** 2023년 11월 10일 **제조사명** 김영사 **주소** 10881 경기도 파주시 문발로 197
전화번호 031-955-3100 **제조국명** 대한민국 ▲**주의** 책 모서리에 찍히거나 책장에 베이지 않게 조심하세요.

우리의 역사가 깃든 유물을 만나요

국립중앙박물관 중·근세관

글 조혜진 그림 민재희

주니어김영사

차례

국립중앙박물관 중·근세관에 가기 전에

미리 준비하세요

1. **준비물** 《국립중앙박물관 중근세관》 책, 수첩, 필기도구, 사진기

2. **옷차림** 가벼운 옷차림으로 활동하기 편하게 입어요.

미리 알아 두세요

관람 시간

월 · 화 · 목 · 금 · 일요일	오전 10시~오후 6시
수 · 토요일	오전 10시~오후 9시

관람료 무료

휴관일 매년 1월 1일, 설날, 추석, 4·11월 첫째 월요일

문의 전화 02) 2077-9000

주소 서울특별시 용산구 서빙고로 137

홈페이지 http://www.museum.go.kr

가는 방법

지하철로 가요

4호선, 중앙선(문산–용문) 이촌역 2번 출구로 나와 용산가족공원 방향으로 150미터 걸어가면 국립중앙박물관 입구가 나와요.

버스로 가요

파랑버스(간선버스) 502(이수교→서빙고역→용산가족공원→국립중앙박물관)
400(서빙고동→서빙고역 1번 출구→국립중앙박물관, 용산가족공원)

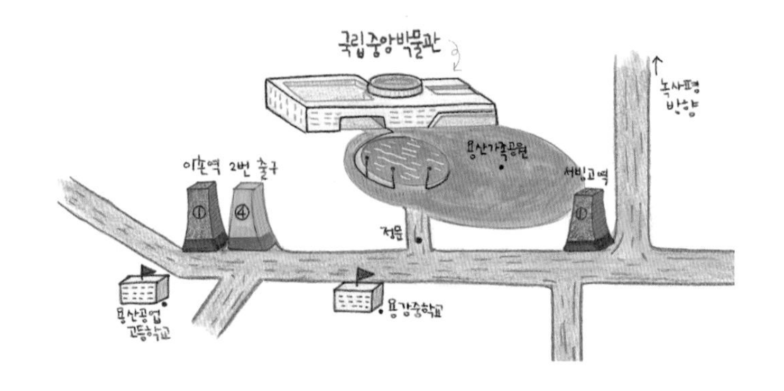

국립중앙박물관
중·근세관은요……

박물관은 우리의 역사를 간직하고 있는 타임캡슐이에요. 그중에서도 국립중앙박물관은 우리나라를 대표하는, 세계 6위 규모의 박물관이지요. 2005년에 새롭게 문을 연 국립중앙박물관은 총 15만여 점의 소장 유물 중 12,044여 점을 50개의 전시실에서 항상 전시해요.

그중 6개의 전시실로 꾸며진 중 · 근세관은 고려와 조선 시대의 역사와 문화를 보여 주는 곳이에요. 먼저 중 · 근세관 입구에 있는 연표를 살펴보고 역사의 흐름을 마음속에 간직한 뒤 천천히 둘러보세요. 조상들의 삶은 오늘날 우리의 삶과 어떻게 다른지, 당시의 우리나라는 다른 나라와 관계가 어떠했는지 오늘날과 비교해 보면 더 재미있을 거예요.

자, 그럼 중 · 근세관으로 출발해 볼까요?

한눈에 보는 국립중앙박물관 중·근세관

국립중앙박물관의 상설전시장은 총 6개의 관과 50개의 실로 구성되어 있고, 12,044여 점의 유물을 전시하고 있어요. 그중 중·근세관은 1층의 북쪽에 있는 전시 공간으로 고려, 조선 시대, 대한 제국실로 꾸며져 있어요. 당시의 역사 자료를 관람객이 쉽게 이해하고 흥미를 느낄 수 있도록 전시되어 있어요.

④ 조선 2실

사림이 중앙 정치를 주도했던 조선 중기의 모습과 그 당시 주변 나라와의 관계를 보여 주는 유물을 만날 수 있어요.

⑥ 대한제국실

조선의 자주권을 지키고 근대화를 이룩하기 위해 성립된 대한 제국 시대의 유물을 만날 수 있어요.

⑤ 조선 3실

임진왜란과 병자호란이 끝난 뒤, 여러 개혁을 통해 나라의 위기를 극복하려 하였던 시기의 유물을 만날 수 있어요.

③ 조선 1실

성리학적 이념에 따라 문물과 제도를 정비하는 조선의 건국 초기 모습을 보여 주는 유물을 만날 수 있어요.

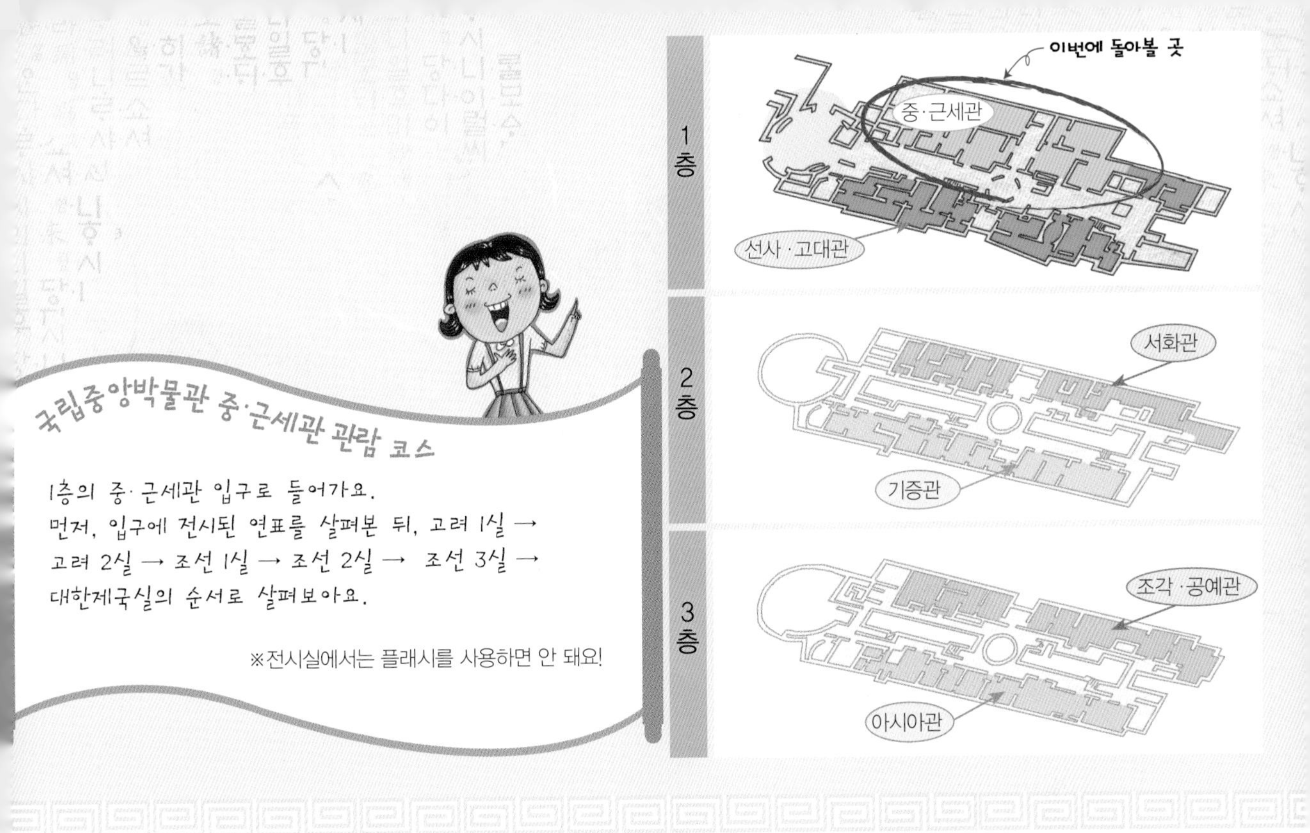

② 고려 2실

원나라의 간섭을 받던 시기와 불교 미술, 성리학을 받아들이는 고려 말의 모습을 보여 주는 유물을 만날 수 있어요.

① 고려 1실

우리 역사상 두 번째로 통일 왕조를 이룬 고려가 꽃피운 청자 문화와 화려한 귀족 문화 유물을 만날 수 있어요.

고려실

고려는 후삼국의 분열을 극복하고 민족 역사상 두 번째로 통일 왕조를 이룩한 나라예요. 태조 왕건은 후고구려의 궁예를 몰아내고 흩어져 있던 발해 유민을 포섭해 새로운 왕조를 세워 고려라고 이름 지었어요. 나아가 왕건은 북쪽 영토를 회복하기 위해 지속적인 노력을 기울였어요.

고려는 불교를 국교로 하여 화려한 불교문화를 꽃피웠고, 고려인들이 만든 청자는 중국에서까지 우수성을 인정받았어요. 또한 고려는 중국과 일본을 비롯해 멀리 있는 아라비아와 교류를 활발히 했어요.

국립중앙박물관 중·근세관의 고려실에는 고려의 역사 자료를 관람객이 쉽게 이해할 수 있게 전시되어 있어요. 그럼 고려의 이모저모를 엿보러 가 볼까요?

고려인종시책

청자구형연적

수령 옹주 묘지명

직지심체요절

고려실

후삼국의 통일과 고려의 탄생

통일 신라는 9세기에 접어들어 극심한 왕위 쟁탈전으로 지방 통제력이 약화되기 시작했어요. 이 시기를 틈타 지방 호족들이 이끄는 반란이 일어나기 시작했어요. 이들은 후고구려, 후백제를 세웠어요. 이 때를 통일 신라, 후고구려, 후백제의 후삼국 시대라고 불렀어요. 이러한 혼란 속에 왕건이 나타나 후삼국을 통일하고 '고려'를 세웠어요. 고려는 고구려를 계승한 나라예요. 발해의 멸망으로 우리나라는 고구려의 옛 땅을 잃어버렸지만 고려는 북진 정책을 통해서 고구려의 옛 땅을 되찾고자 노력했어요. 그리고 발해 유민과 지방 호족을 포용하고 과거 제도를 통해서 많은 이들에게 신분 상승의 길을 열어 주고자 했어요. 또한 농민들의 세금 부담을 크게 낮추어서 통일 신라에 비해 백성들의 생활이 나아지도록 노력했어요.

고려의 수도는 현재 북한 땅에 있는 개성이라는 도시예요. 개성은 북쪽과 남쪽의 모든 길과 연결되어 있을 뿐 아니라 동쪽의 일본, 서쪽의 중국과 아라비아, 남쪽의 유구(지금의 오키나와), 북쪽의 여진과 거란 등 세계의 여러 곳과 연결되어 있는 국제적인 도시였어요. 북한의 개성에는 고려의 유적들이 지금까지 많이 남아 있어요.

왕건
후고구려를 세운 궁예를 몰아내고 왕위에 올라 고려를 세웠어요.

북진 정책
북쪽으로 진출해 고구려의 옛 땅을 되찾으려는 정책이에요.

과제 제도
시험을 치러서 관리를 뽑는 제도예요.

왕건왕릉
개성 남대문에서 서쪽으로 6킬로미터 떨어진 해선리에는 고려 태조 왕건과 왕비 신혜왕후의 무덤이 있어요. 무덤 속의 동쪽 벽에는 매화나무 · 참대 · 청룡, 서쪽 벽에는 소나무와 매화나무 · 백호, 북쪽 벽에는 현무, 천장에는 별이 그려져 있다고 해요.

고려, 높이 6.1센티미터, 길이 9.8센티미터

청자구형연적

고려 시대 비석의 귀부(龜趺)에서 흔히 볼 수 있는 용 머리가 달린 거북을 형상한 연적이에요. 이미 삼국 시대 신라의 토기 주자 가운데 이러한 양식이 있었으며, 고려에 들어와서 모습으로 발전한 것으로 알려져 있어요. 개성 근처에서 발견된 유물이에요.

고려, 길이 5.8센티미터

은제귀걸이

개성 근처에서 출토된, 열매 모양을 본딴 은제 귀걸이에요. 다소 녹이 슬었으나 간결하면서도 산뜻한 형태를 보여줘요.

고려, 높이 16.4센티미터, 입지름 3.4센티미터

청자상감동자당초문주자

개성 근처에서 출토되었다고 전해지는 주전자예요. 몸체 양면에 커다란 원을 그리고 그 안에 꽃나무와 나무에 올라가 노는 동자의 모습을 상감으로 나타내었어요.

고려는 귀족과 중류층, 양민과 천민으로 이루어진 **신분 사회**였어요. 반면에 고려 시대의 여성의 지위는 조선 시대와 비교하면 높은 편이었어요. 여성도 남성과 똑같이 호주가 될 수 있었어요. 재산 상속에서도 남녀 차별이 없었어요. 결혼 풍습도 일부일처제가 일반적이었어요. 또한 딸이 집안의 제사를 지내기도 하고, 여성도 재혼을 자유롭게 할 수 있던 사회였어요.

신분 사회
귀족, 중류층, 양민, 천민 중에 귀족은 지배층으로 최고 신분층이에요. 중류층은 서리, 향리 등의 사회적으로 중간 계층에 해당하는 신분층이에요. 양민은 농민, 상민, 수공업자 등을 말하고, 천민은 노비에 해당돼요.

왜 그랬을까?

왕건이 북진 정책을 실시한 이유는 무엇일까요? 이유를 생각해서 써 보세요.

____

____

☞ 정답은 56쪽에

고려의 국교는 불교였어요. 고려 시대에는 불교가 국가의 지원을 받으면서 크게 발전했어요. 태조 왕건은 고려를 건국하면서 각 지역의 민심을 얻기 위해 불교를 적극 이용했어요. 개성에 많은 사원을 세웠고, 연등회와 팔관회 등의 불교 행사를 국가적 축제로 만들었어요. 고려 불교는 귀족적인 신라 불교와 달리 일반 대중들에게까지 널리 전파되었어요. 왕실은 물론 귀족들과 백성들도 모두 불교를 믿었지요. 그래서 신라의 세련되고 섬세한 불교 공예와 달리 고려 시대의 불교 작품들에는 투박하면서도 서민적인 것도 많아요.

많은 사람들이 불교를 믿으면서 승려의 사회적 지위도 높아졌어요. 승려들 중에서도 특히, 왕의 스승인 왕사와 나라의 스승인 국사는 크게 존경받았어요. 또

고려 1348년, 높이 1,350센티미터

경천사십층석탑

경천사십층석탑은 원래 경기도 개풍군 경천사지(敬天寺址)에 남아 있었는데, 일본에 불법으로 반출되었다가 서울 경복궁에 복원되었어요. 평면과 부재의 구조 등에서 각기 특수한 양식을 보여 주고 전체의 균형이 아름다워 주목되는 탑이에요.

대각국사 의천 초상화

1년 10개월 동안 송나라에 머물렀던 의천이 돌아오면서 고려에 천태종이 창시되었어요. 또한 의천이 많은 불경을 가지고 들어와 〈팔만대장경〉의 기틀이 되는 〈속장경〉이 편찬되기도 했어요.

선암사 소장

한 나라의 어려운 일이 닥치면 불교의 힘으로 이를 극복하려고 했어요. 몽골군의 침략을 막기 위해 팔만대장경을 만든 게 대표적인 사례예요.

고려 시대에 성행한 불교는 사찰, 탑, 불상, 그림 등 다양한 문화유산을 남겨 놓았어요.

팔만대장경
1236년 몽골군의 침략 속에서 부처님의 보살핌으로 적군이 물러나기를 바라는 마음으로 팔만대장경을 만들기 시작해 1251년에 완성했어요.

고려, 불신 높이 15.5센티미터, 대좌너비 10.1센티미터

금동관음보살좌상
고려 시대의 불상으로 두 손은 각각 엄지손가락과 가운뎃손가락을 굽혀 중생을 구제하려는 염원을 나타냈어요.

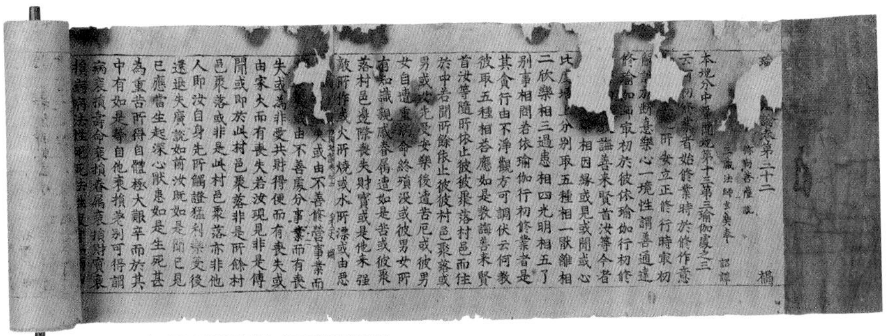

고려, 가로 44.8센티미터, 세로 28.8센티미터

《초조본 유가사지론》 권 제 32
4세기 무렵 인도의 미륵이 짓고, 당나라 현장(602~664)이 번역하여 천자문 순서대로 100권을 수록한 것 중 제32권이에요. 유가사지론은 법상종(法相宗)의 교리서 가운데 하나예요.

팔만대장경과 해인사 장경판전

'고려 대장경'이라고도 불리는 팔만대장경은 6천568권의 책에 쓰인 불경의 내용을 경판에 새긴 것이에요. 팔만대장경을 전부 쌓으면 3천200미터로 백두산(2천744미터)보다 높아요. 현재 남아 있는 경판 수가 8만 장이 넘어 팔만대장경이라고 하지요. 이 경판을 보관하고 있는 곳은 해인사의 장경판전으로 세계에서 유일하게 장경판을 보관하기 위해 만든 건물이에요. 이곳은 습도를 알맞게 유지하도록 설계되어 지금까지도 팔만대장경판이 뒤틀리거나 썩지 않고 잘 보관되어 있답니다. 현재 팔만대장경은 세계기록유산으로 등재되어 있고, 해인사의 장경판전은 세계문화유산으로 등재되어 있어요.

해인사 장경판전에 있는 팔만대장경

고려 지배층의 변화

이자겸의 난

이자겸은 예종과 인종 두 임금에게 딸을 시집보내면서 당시에 최고의 권력을 갖게 되었어요. 이때 이자겸은 백성들의 땅을 빼앗고 뇌물을 받는 등 부정을 많이 저질렀어요. 인종이 이를 알고 이자겸을 제거하려고 하자 이자겸이 반란을 일으켰어요.

서경 천도 운동

묘청을 비롯한 서경(평양) 출신 사람들이 인종에게 서경으로 수도를 옮기면 고려가 더욱 부강해질 것이라고 주장했어요. 인종은 이 말을 듣고 서경에 궁궐을 지었어요. 그러나 김부식 등 개경(개성) 출신 사람들은 이를 반대했어요. 결국 서경으로 수도를 옮기는 게 어렵게 되자 묘청이 1135년에 반란을 일으켰어요. 묘청의 난은 김부식이 이끄는 진압군에 의해 1년 만에 실패로 끝났어요.

고려 1146년, 길이 32.9센티미터

《고려인종시책》

인종의 시호를 올릴 때 만든 책으로 인종의 업적 등을 새긴 책이에요. 인종의 무덤에서 나왔어요.

12세기 이후 고려 사회는 점차 변화하기 시작했어요. '이자겸의 난'과 묘청의 '서경 천도 운동'으로 **문벌 귀족** 체제에 균열이 생겼어요. 귀족들은 이자겸의 주장대로 고려가 금나라와 임금과 신하의 관계를 맺은 것에 대해 불만을 가졌어요. 이런 상황에서 묘청은 금나라를 정벌하자고 주장했는데, 그러기 위해서는 수도를 개경에서 서경으로 옮겨야 한다고 했어요. 그러나 많은 사람들의 반대로 묘청의 서경 천도 운동은 실패로 끝났어요. 이 두 가지 사건을 겪으면서 개경 출신의 문신 귀족이 권력을 독점하게 되었고, 이것은 무신을 차별하는 풍조로 이어져 뒷날 무신 정변의 원인이 돼요.

문신 중심의 사회였던 고려에서 오랫동안 차별을 받아오던 무신들은 1170년에 정변을 일으켜요. 권력을 잡은 무신들은 **무신 정권**을 세우고, 무신들끼

대화궁지와편

고려 인종 때 서경에 세워졌던 궁궐인 대화궁에서 출토된 기와 조각이에요.

문벌 귀족

대대로 관직과 땅을 물려받아 세력을 키운 가문 또는 귀족을 말해요.

무신 정권

1170년부터 1270년까지 100년간 무신들이 정권을 장악한 시기예요.

고려, 가로 86.5센티미터, 세로 37.5센티미터, 두께 4.4센티미터

문신 최윤의 묘지명

고려 중기의 문신이자 저명한 학자인 최윤의(1102~1162)의 묘지명이에요. 최윤의의 집안은 문하시중을 지낸 고조부 최충 이래 대대로 재상을 배출하여 해주 최씨를 손꼽히는 문벌로 만들었어요. 이 묘지명에는 그러한 집안의 내력이 기록되어 있어요.

리 서로 권력을 독점하기 위해 싸움을 멈추지 않았어요. 그 과정에서 많은 사람들이 죽고, 최고 권력자는 자주 바뀌었어요. 1170년부터 무신 정권이 끝난 1271년까지 약 100년 동안 최고 권력자가 11번 바뀌었어요.

무신 정권이 들어선 이후 권력자들은 자신이 거느리던 무신들을 지방관으로 임명했어요. 지방관들은 출세나 욕심 때문에 백성들에게 세금을 많이 거두었어요. 백성들은 세금의 부담으로 생활이 어려워졌어요.

또한 최고 권력자 중에는 천민 출신도 있었는데, 이는 고려 사회의 신분 질서를 동요시켰고, 백성들은 신분 상승에 대한 불만과 기대를 함께 키워 갔어요. 이런 상황에서 농민과 천민들의 저항 운동이 공주, 진주, 개경, 서경 등 전국 각지에서 일어났어요.

최고 권력자 자리를 쟁취하려는 무신들간의 싸움, 농민과 천민의 봉기 등의 혼란스러운 상황에서 1258년 3월, 최고 권력자인 최의가 살해당하면서 100년 동안 지속된 무신 정권은 끝이 나고 고려는 다시 국왕 중심의 정치 체제로 돌아갔어요.

☞ 정답은 56쪽에

고려의 대외 관계

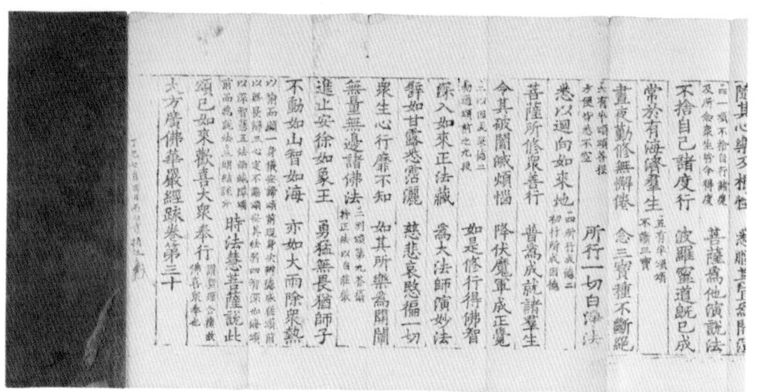

不捨自己諸度行 波羅蜜道旣已成
常於有海濟羣生
晝夜勤修無懈倦 念三寶種不斷絕
所行一切白淨法
悉以迴向如來地
菩薩所修衆善行 普爲成就諸羣生
令其破闇滅煩惱 降伏魔軍成正覺
如是修行得佛智
深入如來正法藏 爲大法師演妙法
譬如甘露悉霑灑 慈悲哀愍徧一切
衆生心行靡不知 如其所樂爲開闡
無量無邊諸佛法
進止安徐如象王 勇猛無畏猶師子
不動如山智如海 亦如大雨除衆熱
時法慧菩薩說此
頌已如來歡喜大衆奉行
大方廣佛華嚴經疏卷第三十

고려. 가로 10.8센티미터, 세로 32.3센티미터

《화엄경소》 권 제 30

1087년 고려 선종 4년에 대각국사 의천(1055~1101)이 송나라에 갔을 때 각별한 교분을 쌓았던 정원에게서 받은 목판으로 인쇄한 화엄경 해설집이에요.

고려는 송나라, 거란, 여진 등의 동북아시아 나라들과 활발한 교류를 했어요. 고려는 송나라에 사신, 학자, 승려들을 보내서 발달된 문물을 적극적으로 받아들였어요. 송나라의 상인들도 고려와 교류를 활발히 했어요.

거란족의 나라인 요나라와는 문물 교류가 활발하지는 않았지만, 세 차례의 전쟁을 치른 후 평화적인 외교 관계를 맺었어요. 요나라의 세 번째 침략 때에는 강감찬 장군이 이끄는 고려군이 귀주에서 거란군을 거의 전멸시켰어요.(귀주대첩, 1019) 이후 두 나라는 외교 관계를 맺고 사신을 교환했어요. 한편 고려는 개경 주위에 성을 쌓고, 압록강을 따라서 천리장성을 쌓아 북방 민족의 침략에 대비했어요.

여진족은 만주 일대를 비롯해 함경도와 평안도에서 여러 부족으로 나뉘어 살고 있었어요. 여진족은 고려에 말과 가죽 등을 바쳤고, 고려는 여진족에게 식량이나 옷 등을 주고 몇몇 여진 추장들에게 고려 관직을 주기도 했어요. 그러나 12세기 이후 요나라가 쇠퇴하자 여진족은 부족을 통일해 금나라를

거란족
거란족은 퉁구스족과 몽골족의 혼혈로 이루어진 유목 민족이에요. 10세기 초 야율아보기가 여러 부족을 통일해 요나라를 건국했어요.

여진족
동부 만주에 살던 퉁구스족 계통의 민족이에요. 1115년 부족을 통합해 금나라를 세워요.

거란족의 모습
중국

고려, 가로 400센티미터, 세로 170센티미터

귀주대첩 기록화
귀주대첩은 1019년 고려를 침입한 거란의 10만 대군을 강감찬, 강민첨 등이 구주에서 크게 무찌른 싸움이다. 이 대첩으로 거란은 다시는 고려를 넘보지 못했으며, 강동 6주를 돌려 달라고 요구하지 않았다.
전쟁기념관 소장

세우고 고려를 위협하기 시작했어요. 요나라를 멸망시키고 중국 북부와 만주 일대를 장악한 금나라는 고려에게 임금과 신하의 관계를 맺을 것을 요구했어요.

일본과는 서로 사신이나 상인을 보내서 교류를 했어요. 또한 이슬람 상인들도 고려와 왕래했어요. 이들이 고려를 '꼬레아'라고 부르면서 고려의 이름이 서방 세계까지 알려지게 되었어요. 개경 가까이 위치한 '벽란도'는 중국, 일본, 이슬람 상인들이 드나드는 국제적인 무역항으로 크게 번성했어요.

왜 그랬을까?

1018년 요나라가 고려를 세 번째로 침입한 이유는 무엇일까?

☞ 정답은 56쪽에

팔만대장경과 인쇄 문화

정보를 전달하고 기록을 남기는 가장 효과적인 방법은 글이에요. 그런데 만약 많은 사람들에게 같은 내용을 전달하기 위해 내용을 똑같이 여러 번 쓴다면 매우 힘들겠지요? 이러한 어려움을 해결해 준 것이 바로 '인쇄술'이에요.

인쇄술이 발명되기 이전에 사람들은 손으로 직접 베껴 쓰거나 돌에 글을 새겨 탁본을 뜨는 방식으로 기록을 남겼어요. 이후 나무 판에 글자를 거꾸로 새겨 먹물을 칠한 뒤 종이를 대고 인쇄하는 '목판 인쇄술'이 등장했어요. '무구정광대다라니경'은 지금까지 남아 있는 가장 오래된 목판인 쇄본이에요.

1966년에 도굴꾼들 때문에 망가진 석가탑을 고치다가 <무구정광대다라니경>을 발견했대.

통일 신라 8세기, 가로 648센티미터, 세로 6.7센티미터

무구정광대다라니경

이 경전의 주문을 외우거나, 탑을 만들어 그 속에 이 경전을 모시면 장수하고 죄가 없어져 부처의 세계에서 태어난다는 내용이 담겨 있어요.

불교가 나라의 종교였던 고려 시대에는 불경을 인쇄하기 위한 목판 인쇄술이 함께 발전했어요. 거란과 몽골이 고려를 침입해 오자 고려는 위험에 빠진 나라는 구하기

고려 1377년, 가로 15.8센티미터, 세로 21.4센티미터, 해인사 소장

팔만대장경 경판

위해 부처에게 간절히 비는 마음으로 1087년에 '초조대장경'을 만들었어요. 그 뒤 다시 쳐들어온 몽골의 침입을 물리치고자 '팔만대장경'을 만들었는데 1236년부터 16년에 걸쳐 새긴 경판의 수가 8만 개가 넘게 남아 있어서 팔만대장경이라고 불러요.

고려 시대에는 금속을 다루는 기술이 발달해 있었어요. 그래서 나무가 아닌 금속에 활자를 새긴 '금속 인쇄술'이 탄생했어요. 오늘날 남아 있는 가장 오래된 금속 활자 인쇄본은 1377년 고려 우왕 때 청주 흥덕사에서 찍은 '직지심체요절'이에요. 정식 이름은 '백운화상초록불조직지심체요절'이지요. 현재 유네스코 세계기록유산으로 인정받은 귀한 유물이에요.

조선 시대에는 금속 활자 인쇄술이 더욱 발전했어요. 유교 관련 서적이 많았어요. 활자의 종류도 다양해서 계미자, 갑인자, 병자자 등 다양한 종류의 활자를 만들어서 사용했어요.

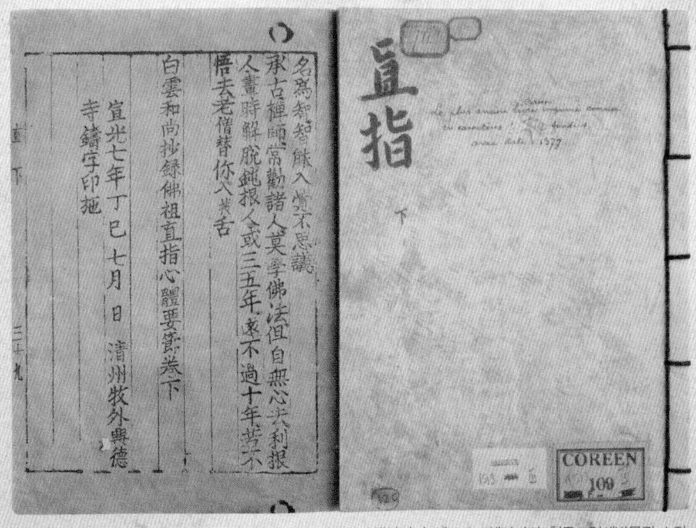
承古禪師常勸諸人莫學佛法但自無心去利根
人晝時解脫鈍根人或三五年遠不過十年若不
悟去老僧替你入拔舌
白雲和尚抄錄佛祖直指心體要節卷下
宣光七年丁巳七月 日 淸州牧外興德
寺鑄字印施

고려 1377년, 가로 15.8센티미터, 세로 21.4센티미터, 청주고인쇄박물관 소장

《직지심체요절》

오른쪽은 책 표지이고, 왼쪽은 직지의 마지막 장이에요. 책 표지에 프랑스 어로 '1377년에 금속 활자로 인쇄된 가장 오래된 한국 인쇄본'이라고 적혀 있어요. 마지막 장에는 누가, 언제, 어디서 직지를 만들었는지가 나와 있어요. 원래 두 권인데 지금은 한 권만 전해 와요.

원나라의 간섭

13세기의 동아시아는 칭기즈칸이 이끄는 몽골이 장악했어요. 1231년 8월 몽골군은 장수 살리타의 지휘로 압록강을 건너 고려를 침략했어요. 하지만 고려의 조정과 화해하고 돌아갔어요. 그 뒤 살리타는 1232년 다시 고려에 쳐들어와 처인성을 공격하다가 김윤후가 이끄는 고려군에게 죽음을 맞이하지요. 몽골군이 충청도까지 침입해 오자 고려는 수도를 강화도로 옮겼어요. 몽골군은 남부 지역으로 내려가 대구 부인사에 보관된 대장경 판본과 경주의 황룡사 9층탑을 불태웠어요. 무신 정권은 몽골군의 침략에 소극적으로 대응했어요. 이에 백성들의 생활은 더욱 어려워졌어요. 결국 고려는 몽골과의 강화를 체결하고 강화도에서 개경으로 돌아갔어요. 몽골과의 전쟁이 끝나고 고려는 80년 동안 원나라(몽골)의 간섭을 받았어요. 고려왕은 어린 세자 시절을 원나라에서 보내고 원나라 공주와 혼인해야 했어요.

원나라는 고려 왕실을 유지시켰지만 화주(함경도 영흥)에 쌍성총관부, 서경에 동녕부, 제주도에 탐라총관부를 설치하고 그 지역을 직접 다스렸어요. 또한 다루가치라는 감독관을 파견하고 고려에 정동행성을 설

김윤후
몽골군이 침입하자 처인성에서 백성을 모아 몽골군을 물리친 승려예요.

강화
싸우던 두 편이 싸움을 그치고 평화로운 상태가 되는 것을 말해요.

다루가치
원나라가 고려의 점령 지역에 두었던 벼슬로, 점령 지역의 백성을 직접 다스리거나 내정에 관여했어요.

정동행성
원나라가 고려의 개경에 둔 관아예요.

고려 1319년, 가로 177.3센티미터, 세로 93센티미터

원나라에서 충선왕을 모시던 성리학자 이제현의 초상화
고려 말 문신이자 유학자인 이제현의 초상화에요. 이제현이 33살에 중국을 여행하던 중 원나라 화가가 그린 그림이에요.

고려 1335년, 가로 61센티미터, 세로 86.5센티미터

수령 옹주 묘지명

고려 충숙왕 때의 왕족 부인 수령 옹주의 묘지에요. 몽골에 여성을 보내는 공녀 제도 때문에 외동딸을 멀리 떠나보낸 수령 옹주의 사연을 담고 있어요.

치하여 두 차례에 걸친 일본 원정에 고려인들을 강제로 동원했어요. 원나라가 일본 정벌 계획을 그만둔 뒤로는 정동행성에 원나라 관리를 두어 고려의 내정을 감시했어요. 원의 간섭으로 고려의 왕은 반드시 원의 공주와 결혼해야 했으며, 원에 의해서 왕이 교체되기도 했어요. 고려 왕실의 호칭도 낮아졌어요. '폐하'는 '전하'로 '태자'는 '세자'로 부르게 되었어요. 그리고 왕의 칭호 앞에는 원에 충성한다는 뜻으로 '충(忠)'자를 붙여야만 했어요. 이렇게 왕실에 대한 원나라의 간섭은 오랫동안 지속되었어요. 뿐만 아니라 고려는 매년 원나라에 모시, 금·은, 인삼 등의 특산물을 바쳐야 했어요. 백성들은 조공 물품을 마련하느라 제대로 농사를 짓지 못하고 고통을 겪었어요. 고려의 일부 남성들과 여성들은 원나라에 환관과 공녀로 끌려가기도 했어요.

'폐하'와 '전하'는 어떻게 다를까요?

'폐하'는 황제를 높여 부르는 말이고, '전하'는 왕이나 왕족을 높여 부르는 말이에요. 또한 '태자'는 황제의 뒤를 이를 아들로 황태자의 줄임말이고, '세자'는 왕의 뒤를 아들로 왕세자의 줄임말이에요.

유물 퀴즈

다음 유물을 보고 ○○에 들어갈 알맞은 말을 써 보세요.

(12~14쪽 참고)

고려 ○○ 시책 ○○○소 권제30

☞ 정답은 56쪽에

환관
거세된 남자로서 궁중에서 사역하는 내관을 말해요. 고려 말 이후에는 '내시'로 불렸어요.

공녀
원나라의 요구로 고려의 처녀들을 뽑아 보내던 일, 또는 그 처녀들을 말해요.

한편 원나라의 간섭이 100여 년 동안 계속되면서 원나라와 고려는 언어, 학문 등의 교류가 활발해졌어요.

고려에서는 원나라 문화 풍습이 유행했어요. 고려에 원나라의 음식인 소주, 만두가 들어왔고 결혼할 때 여성이 볼에 연지를 찍고 머리에 족두리를 쓰는 풍습이 생겼어요. 남자들 사이에는 몽골식 머리 형태인 변발이 유행했는데, 충렬왕이 왕위에 오르기 위해 원나라에서 귀국한 뒤 제국대장공주를 맞이할 때는 모든 신하들에게 변발을 하게 했어요. 변발을 하지 않은 신하는 회초리로 때려서 쫓아 냈다고 해요.

충렬왕
고려 제 25대 왕이에요. 원나라에 굴복해 세조의 공주의 아내를 맞았으며, 원나라의 간섭을 심하게 받았어요.

제국대장공주
원나라 세조의 딸로 충렬왕이 세자로 원나라에 있을 때 혼인하였고, 충선왕을 낳았어요.

궁중에서는 원나라의 궁중 용어가 사용되었어요. '마마'(궁중 어른에게 최고의 존칭으로 붙이는 말), '수라'(왕의 음식을 가리키는 말), '무수리'(궁중에서 일하는 궁녀를 가리키는 말) 등이 그런 용어에요.

사람을 가리킬 때 쓰는 말인 '치' 또한 몽골의 영향을 받은 풍속이야.

고려 시대에 유행한 몽골 풍속에는 무엇이 있을까?

* 변발 : 몽골식 머리 형태로 윗머리를 싹 깎아 버리고 뒷머리만 남겨 땋은 형태를 말해요.

* 호복 : 몽골식 옷에 '질손'이라는 것이 있는데, 아래위가 붙고 옆이 터진 기다란 가운처럼 생겼어요. 고려 시대의 궁중 연회 그림이나 초상화에서 그 모습을 볼 수 있어요.

* 응방 : 매의 사육과 사냥을 맡은 관청으로 충렬왕 때 설치되었어요. 원나라가 고려에 사냥용 매를 구해 달라고 요구해 설치되었다가 창왕 때 없어졌어요.

* 조혼 풍속 : 13~16세 처녀를 뽑아 보내 달라는 원나라의 요구에 고려에서는 공녀 제도를 실시했어요. 그러자 딸이 있는 집안에서는 딸이 10세만 되면 서둘러 시집을 보내는 조혼 풍속이 생겨났어요.

* 족두리, 댕기 : 여자들이 결혼할 때 쓰는 족두리는 지금도 남아 있는 풍속이에요. 족두리와 함께 뒤쪽으로 길게 드리는 폭이 넓은 두 갈래의 댕기를 '도투락 댕기'라고 했는데, 이것은 예식의 필수품으로 여겨지기도 했어요.

* 은장도 : 은장도는 본래 원나라에서 들어온 남녀가 함께 썼던 노리개예요. 뒷날 여성이 몸을 지키는 용도로까지 쓰였지요.

공민왕의 개혁 정치

14세기 중반에 왕위에 오른 **공민왕**은 원나라가 쇠퇴하는 틈을 타 고려가 원나라의 간섭에서 벗어나고자 노력했어요. 그리고 본격적으로 개혁 정치를 시작했어요. 공민왕은 원나라의 풍속을 금지시키고, 원나라의 간섭으로 바뀌었던 정부 기구를 원래대로 복구시켰어요. 원나라가 고려에 만든 정동행성도 없애고, 원나라가 100년 동안 만들어 놓은 **쌍성총관부**를 없앴어요. 또 귀족들이 불법으로 차지한 토지를 원래 주인에게 돌려주었으며 강제로 노비가 된 사람들을 양민으로 만들었어요.

서울 공민왕 사당 소장

공민왕 초상

공민왕의 개혁은 백성들의 지지를 받았으나 귀족들의 반발에 부딪혔어요. 다행히 공민왕은 탁월한 정치력으로 반발 세력을 없애고, 이후 이제현과 조익청을 정승에 임명해 개혁에 박차를 가했어요. 그러나 홍건적과 왜구의 침입으로 정치가 불안정한 가운데, 세력의 약했던 공민왕의 개혁은 실패로 끝나고 말았어요.

공민왕
고려 제31대 왕이에요. 왕위에 오른 뒤 원나라를 배척하고 친원파를 제거했어요.

쌍성총관부
원나라가 지금의 함경남도 영흥인 화주에 이북을 통치하기 위해 둔 관아예요.

여기서 잠깐!

글로 써 보세요.

공민왕이 쌍성총관부를 없앤 이유는 무엇일까요?

____

____

____

☞ 정답은 56쪽에

신진 사대부의 출현

공민왕이 개혁을 추진하는 과정에서 새로이 '신진 사대부' 세력이 성장하기 시작했어요. 신진 사대부는 지방 향리 출신으로 유교 지식을 바탕으로 과거를 거쳐 중앙 관직에 진출한 사람들이에요. 이들은 고려의 지배층으로 자리 잡은 권문세족이 점점 부패하고 불교계와 손을 잡고 불법을 행하자 이를 개혁하고자 했어요.

권문세족
권문세가라고도 하는 고려의 문벌 귀족 가문이에요. 무신 정권기에 새로 등장했으며 원과의 관계를 통해 성장한 가문을 일컬어요.

신진 사대부들은 불교가 아닌 성리학을 공부하는 세력으로 도덕과 명분을 중시했어요. 권문세족과 달리 학문과 실력을 바탕으로 과거 시험을 통해 관리가 된 사람들이 대부분이었어요.

고려, 가로 61센티미터, 세로 35센티미터, 최대규격 가로 162센티미터, 세로 43.3센티미터

정몽주 초상
고려 말의 성리학자이자 충신인 포은 정몽주의 초상화예요. 조선 후기의 궁중 화가인 이한철이 개성의 숭양서원에 소장되어 있던 정몽주의 초상을 옮겨 그린 것이에요.

당시 권문세족들은 원나라에 붙어서 권력을 누렸어요. 공민왕은 부패한 권문세족을 제거하고 정치 제도를 개편하여 왕실을 원나라의 간섭 시기 이전으로 복원하려고 했어요. 또한 토지와 노비 문제를 개혁하려고 했어요. 이러한 공민왕의 개혁에 신진사대부들이 함께했어요. 그러나 권문세족의 강한 반발로 공민왕의 개혁이 실패로 끝났어요. 공민왕의 개혁을 지지했던 신진 사대부들은 부패한 권문세족들과 대립하며 고려 사회를 개혁하고자 했어요. 바로 이색, 정몽주, 정도전 등

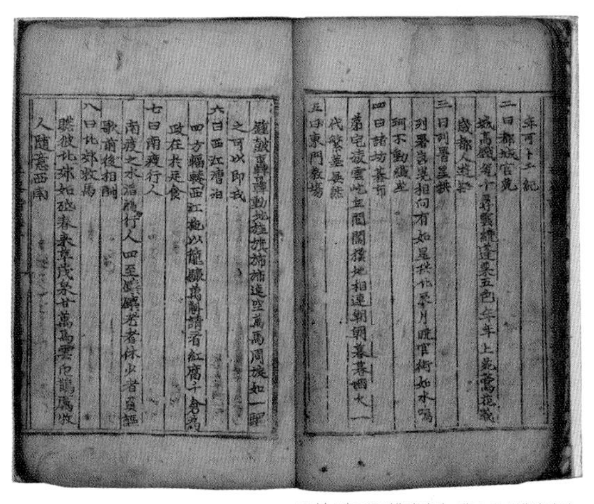

조선, 가로 24센티미터, 세로 16.3센티미터

《삼봉집》

조선 초기의 개국 공신이자 성리학자인 삼봉 정도전의 문집이에요. 1465년(세조 11년)에 정도전의 증손자인 정문형이 6책으로 재간행했는데, 이 유물은 그 중 첫 책으로서 2권까지 수록되어 있어요.

조선, 가로 25.7센티미터, 세로 18.5cm센티미터

《포은 정몽주의 문집》

정몽주의 시문집으로, 그의 글씨와 초상이 포함되어 있어요. 초간본은 1439년(세종 21년)에 간행되었어요.

이 신진 사대부의 중심인물이었어요. 이들은 새로운 세력인 이성계 등과 정치적인 뜻을 같이했어요.

이성계는 정도전을 비롯한 신진 사대부 세력의 도움을 받아 본격적인 개혁을 시작했어요. 결국 이성계가 왕위에 오르면서 고려는 막을 내리게 되었어요.

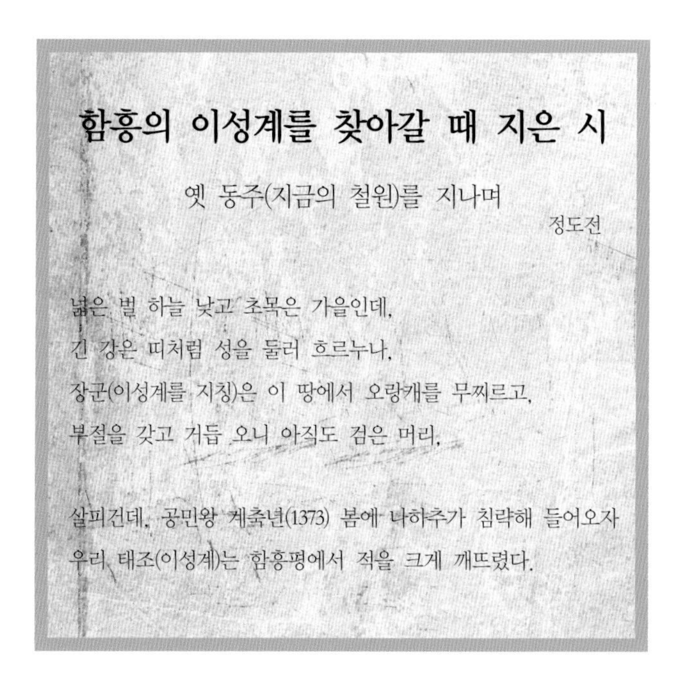

함흥의 이성계를 찾아갈 때 지은 시

옛 동주(지금의 철원)를 지나며

정도전

넓은 벌 하늘 낮고 초목은 가을인데,
긴 강은 피처럼 성을 둘러 흐르누나.
장군(이성계를 지칭)은 이 땅에서 오랑캐를 무찌르고,
부절을 갖고 거듭 오니 아직도 검은 머리.

살피건대, 공민왕 계축년(1373) 봄에 나하추가 침략해 들어오자 우리 태조(이성계)는 함흥평에서 적을 크게 깨뜨렸다.

유물퀴즈

다음 유물을 보고 ○○에 들어갈 알맞은 말을 써 보세요. (18~19쪽 참고)

○○○의 초상화

수령 옹주 ○○

☞ 정답은 56쪽에

조선실

조선은 고려의 뒤를 이어 이성계가 신진 사대부들과 함께 세운 나라에요. 조선은 약 500년 동안 지속되었어요. 고려가 불교의 나라였다면, 조선은 유교의 나라였어요. 조선은 백성을 근본으로 하는 왕도 정치를 실현하고자 했고, 28명의 왕이 500여 년 동안 조선의 왕위를 이어갔어요.

조선 시대에는 과학, 문학, 예술, 정치 등의 다양한 분야에서 발전을 이룩했어요. 측우기, 거중기, 해시계 같은 여러 과학 발명품들이 탄생했고, 겸재 정선, 단원 김홍도 등의 화가가 예술을 꽃피웠어요. 또한 지금 우리가 사용하는 한글이 조선 시대에 탄생했어요. 한편 조선 시대에는 병자호란, 임진왜란 등의 큰 전쟁을 겪기도 했어요.

조선실에는 500년 동안 조선이라는 나라가 어떻게 유지되었는지 알 수 있는 여러 가지 유물들이 전시되어 있어요. 그럼, 유물을 살피며 조선 시대를 배워 볼까요?

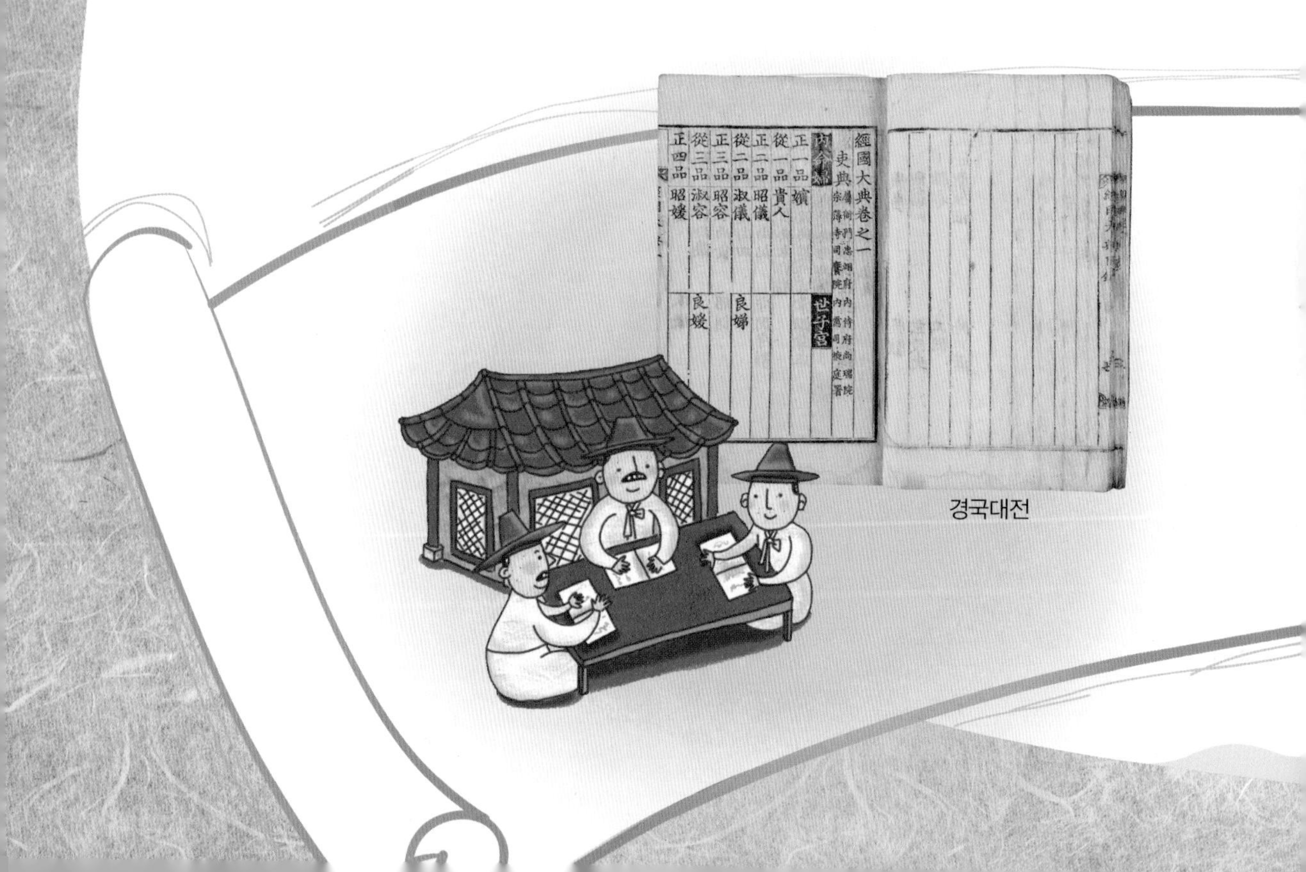

경국대전

조선통보

상평통보 당일전

대한 독립신문 광셩

데四권 ... 데一百八호

각국

가호 인구

독립신문

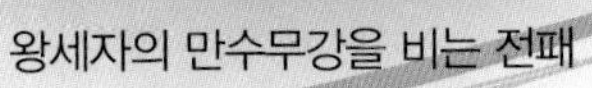

왕세자의 만수무강을 비는 전패

조선실

새로운 나라의 탄생!

이성계
조선의 첫 임금인 태조의 이름이에요. 탁월한 무장으로 고려 말에는 왜구의 침입을 물리치는 등 큰 활약을 했어요.

나라 안팎으로 혼란스러웠던 고려 말에 이성계는 신진 사대부들의 지지를 받아 여러 가지 개혁을 단행했어요. 반면 정몽주를 비롯한 또 다른 신진 사대부들은 고려의 왕조를 유지하려고 했으나, 이성계 세력은 이들을 누르고 새 왕조를 열었어요.

결국 고려가 멸망하고 '조선'이라는 나라가 생겼어요. 1392년 이성계가 세운 새로운 나라를 조선이라 이름 지은 것은 단군의 자손으로서 고조선의 역사를 계승한다는 뜻을 담은 것이에요.

새 왕조의 수도는 한양으로 정했어요. 한양은 나라의 중앙에 자리하고 있고, 한강이 흘러 교통이 편리했어요. 또한 주변이 높은 산들로 둘러싸여 외적을 막기 쉽다는 장점이 있었어요.

조선의 건국은 여러 면에서 새로운 변화와 발전을 이루는 계기가 됐어요. 권문세족을 대신해 신진 사대부들이 새로운 지배 세력으로 떠올랐어요. 이는 혈연이나 가문을 중시하는 사회에서 개인의 학식이나 능력을 더 중시하는 사회로 변화했다는 데 의미가 있어요.

한양을 도읍으로 한 것은 개경에서 벗어나 새로운 본거지를 마련하려는 뜻이었어.

조선, 가로 142센티미터, 세로 282센티미터

이성계의 왜구 격퇴를 기념한 비문

성리학의 나라

조선은 성리학을 바탕으로 백성을 근본으로 삼고 성현들의 정치를 구현하는 왕도 정치를 지향했어요. 성리학에서 강조하는 것은 백성이 사람답게 제대로 살아갈 수 있는 길을 만들어 주는 어진 정치와 백성이 나라의 근본이라는 민본 정치였어요. 이는 불교가 근간이 되었던 고려와는 다른 모습이에요.

조선은 건국 초기부터 성리학적 이념에 따라 문물과 제도를 정비했어요. 여러 제도와 의례를 유교적으로 정비하고, 왕에서 백성에 이르기까지 유교 윤리가 생활화되는 사회를 만들고자 했어요. 조선의 건국 초기 약 100년 간은 나라의 기틀을 마련하고 사회를 안정시키기 위해 꾸준히 노력한 시기예요. 유교를 국가 통치의 근본 원리로 삼았으며, 농업을 적극 장려해 백성들의 생활을 안정시키는 데 노력했어요. 이를 바탕으로 성종 때에 나라를 다스리는 기본 법전인 '경국대전'을 완성했어요. 이 책으로 새 왕조의 통치 조직 정비가 마무리되었어요. 또한 의례서, 지리서, 역사서 등을 완성하여 조선 통치의 기틀을 마련했어요. 그리고 왕권을 안정시키고 모든 권력을 중앙으로 집중시켜 통치 질서를 확립하는 데 주력했어요.

성리학
중국 남송의 주희가 집대성한 유학의 한 파로, 우리나라에는 고려 말에 들어와 조선 정치의 이념이 되었어요.

성현
성인과 현인을 아울러 이르는 말이에요.

조선 시대에 선비들은 서원에 모여 유교의 가르침을 공부했어요.

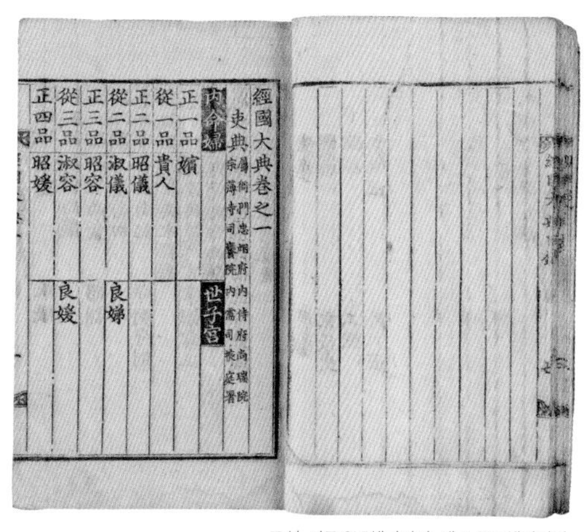

經國大典卷之一
吏典
內命婦
正一品 嬪
從一品 貴人
正二品 昭儀
從二品 淑儀
正三品 昭容
從三品 淑容
正四品 昭媛
世子宮
良娣
良媛

조선, 가로 21.5센티미터, 세로 32.5센티미터

《경국대전》
조선의 기본 법전으로 성종 16년(1485)에 완성되었어요. 조선의 통치 체제는 《경국대전》을 바탕으로 정비되었어요.

대쪽에 써 넣은 유교 경전과 경서통

《논어》, 《맹자》와 같은 유교 경전의 한 부분의 앞 구절을 써 넣은 얇은 대쪽과 그것을 담는 통이에요. 선생이 대쪽 하나를 꺼내어 그 내용을 읊으면 제자가 이어지는 전체 구절을 암송하며 뜻풀이를 했어요.

조선은 유교 국가를 지향했기 때문에 불교에 대해 억압하는 정책을 폈어요. **태종**은 전국의 절을 없애고 절의 재산과 땅을 몰수했어요. 이렇게 태종은 많은 사찰을 정리하며 국가 재정을 튼튼하게 만들었어요. 세종 때는 나라에서 인정한 사찰을 36개로 줄였어요. 그렇지만 이러한 불교 억압 정책에도 불구하고 많은 사람들이 불교를 믿었어요. 나라는 공식적으로는 불교를 통제했지만 왕실에서는 원찰(죽은 자의 명복을 빌기 위해 건립한 사찰)을 두어 왕실의 안녕을 기원하기도 했어요. 집안의 복을 빌기 위해 제를 올리고, 장례를 불교식으로 치르는 등 신앙으로서의 불교는 지속되었어요.

태종

조선 제3대 왕이에요. 이성계의 셋째 아들로 이름은 방원이예요. 아버지를 도와 조선을 건국하는 데 크게 공헌을 했어요.

세종 대왕의 백성 사랑이 담겨 있는 한글

조선의 네 번째 왕인 세종 때는 본격적으로 조선의 정치, 경제, 문화 등이 발전하기 시작했어요. 세종은 스스로 수양하고 공부하는 데 열성을 다한 한편, 집현전을 설치해 젊고 재주 있는 학자들을 양성했어요. 세종은 이들을 통해 각종 의례와 제도를 정리하고 다양한 편찬 사업을 전개하려 한 것이었죠. 이 시기에 측우기, 해시계 등이 발명되면서 조선의 과학이 발전했어요. 세종의 대표적인 문화 편찬 사업은 바로 우리의 고유 문자인 한글을 만든 것이에요.

세종의 오랜 연구 끝에 1443년, '백성을 가르치는 바른 소리'라는 뜻의 우리글인 '훈민정음'이 탄생했어요. 세종 대왕은 3년간 훈민정음을 더 다듬고 시험한 뒤 마침내 1446년에 훈민정음을 반포했어요. 그러나 많은 신하들은 훈민정음의 사용을 반대했어요. 그 당시 신하들은 중국 문화를 따르고 있었기 때문에 한자가 아닌 글자는 오랑캐들이나 쓰는 것이라 생각한 것이었지요. 그러나 백성들은 훈민정음을 쉽게 배워 사용하였고, 훗날 고종 때 훈민정음은 우리나라의 공식 문자가 되었어요. 1913년에는 국어학자인 주시경이 한 민족의 글인 동시에 세계에서 가장 으뜸가는 글이라는 뜻인 '한글'이라는 새 이름을 붙였어요.

한글이 만들어지기 전, 우리나라는 입으로는 우리말을 했지만 우리글이 없어서 중국의 한자를 빌려 써야 했어요. 그런데 남의 나라 글을 가져다 사용하니, 우리말을 제대로 표현하기가 쉽지 않았어요. 또한 한자는 뜻과 음이 달라 일반 백성들은 배우기가 쉽지 않았지요.

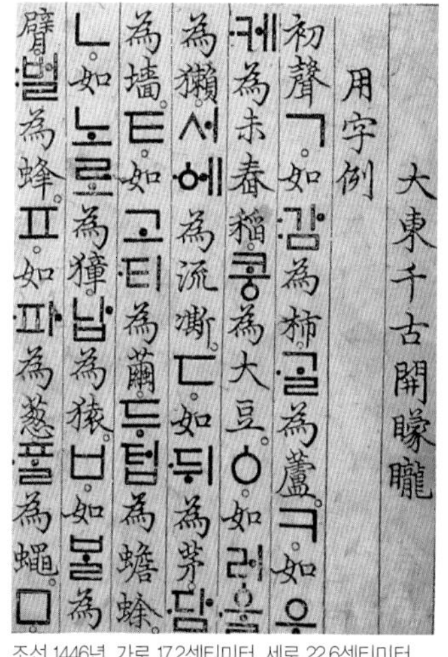

조선 1446년, 가로 17.2센티미터, 세로 22.6센티미터

《훈민정음 해례본》

세종과 집현전 학자들이 훈민정음을 창제한 뒤 세종 대왕이 백성들에게 이를 반포한 책이에요. 세종대왕이 지은 서문, 훈민정음 해석과 쓰임법 등이 나와 있어요.

반포
왕이나 국가가 세상에 널리 퍼뜨려 알리는 것을 말해요.

조선 1447년, 가로 21.7센티미터, 세로 35.4센티미터, 해남 윤씨 고택 소장

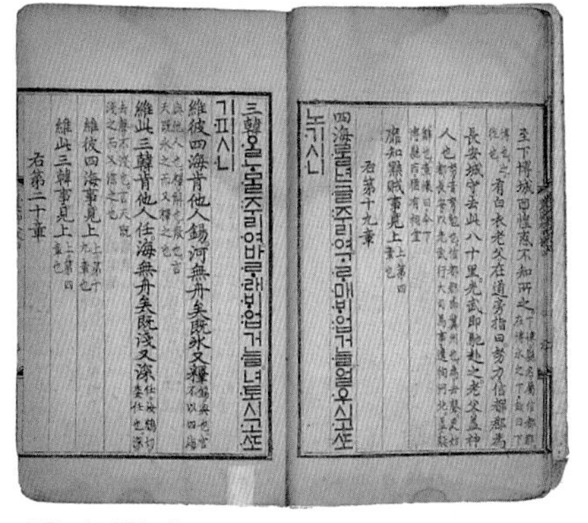

《용비어천가》

훈민정음이 창제된 후 한글로 지은 최초의 책이에요. 조선 왕조는 하늘의 뜻에 따라 이루어졌다는 것을 노래한 내용이 쓰여져 있어요.

여기서 잠깐!

왜 그랬을까?

세종 대왕이 훈민정음을 반포했을 때 왜 많은 신하들이 반대했나요? 이유를 생각해서 써 보세요.

____

____

☞ 정답은 56쪽에

과학적으로 만든 한글

세종 대왕은 하늘과 땅, 사람을 우러러보며 숭배하는 우리 민족의 사상을 바탕으로, 사람들이 소리를 낼 때의 입 모양을 본떠 홀소리 11자를 만들었어요. 또 사람의 발음 기관을 본떠 닿소리 17자를 만들었지요.

이렇게 완성된 한글 28자는 각각 하나의 소리를 가지면서 모음과 자음이 만나면 셀 수 없이 많은 소리를 만들어 내지요. 이렇게 한글은 인체와 소리를 연구하여 과학적으로 만든 글자예요.

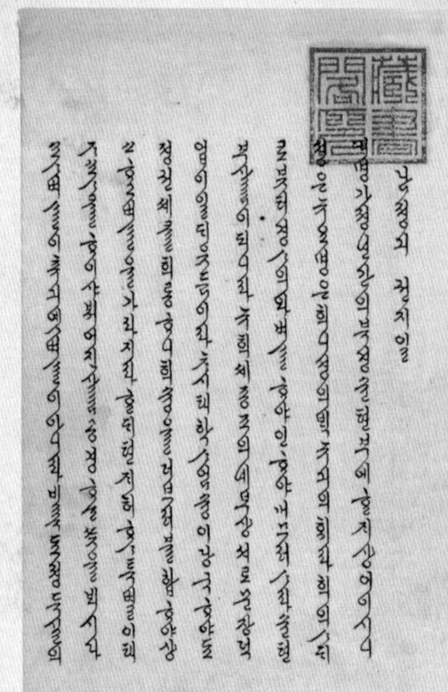

조선 시대, 가로 21.8센티미터, 세로 32.6센티미터

《사씨남정기》
김만중이 지은 한글 소설이에요.

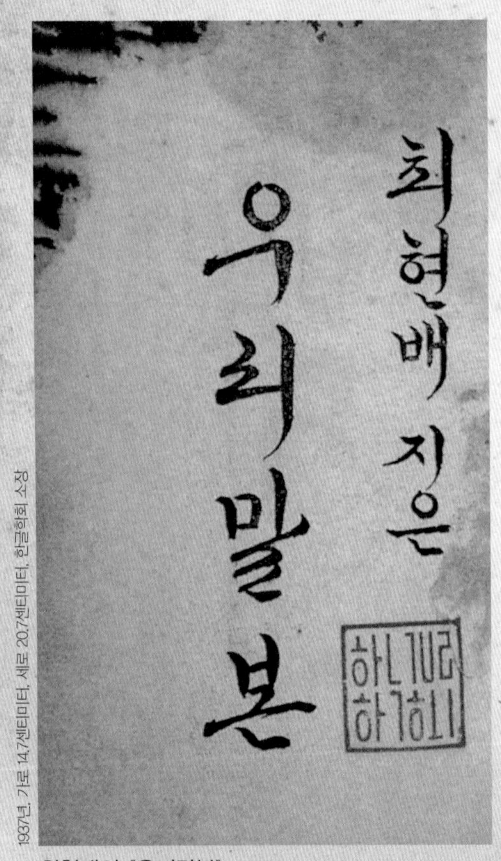
최현배 지은
우리말본

1937년, 가로 14.7센티미터, 세로 20.7센티미터, 한글학회 소장

최현배의 《우리말본》

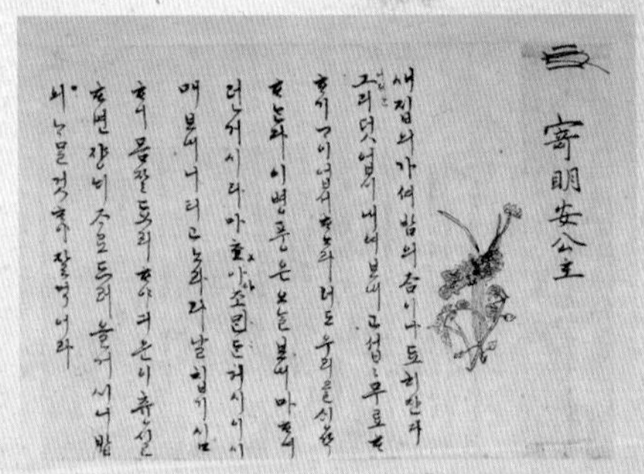
寄明安公主

조선 17세기, 가로 33.5센티미터, 세로 28.1센티미터
오죽헌 시립 박물관 소장

현종이 쓴 편지
현종이 시집간 셋째 딸 명안 공주에게 보낸 편지예요.

한글은 어떻게 만들어졌을까?

오늘날 'ㅿ'나 'ㆁ', 'ㆆ'와 같은 자음은 사용하지 않아.

한글의 모음(홀소리)

기본 모음

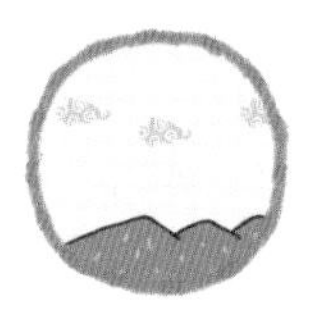

ㆍ

ㅡ

ㅣ

하늘의 둥근 모양을 본떠 'ㆍ'('아래아'라고 읽어요.)를 만들고, 땅의 평평한 모양을 본떠 'ㅡ'를 만든 뒤, 사람이 서 있는 모양을 본떠 'ㅣ'를 만들었어요. 이렇게 만든 세 개의 기본 모음을 조합해서 나머지 모음을 만들었어요.

나머지 모음 ㅏ, ㅑ, ㅓ, ㅕ, ㅗ, ㅛ, ㅜ, ㅠ

한글의 자음(닿소리)

기본 자음

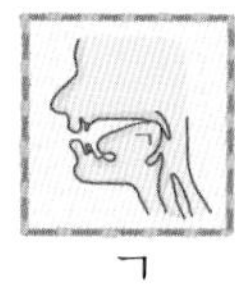

ㄱ
어금닛소리

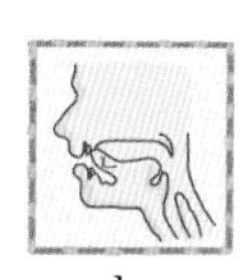

ㄴ
혓소리

ㅁ
입술소리

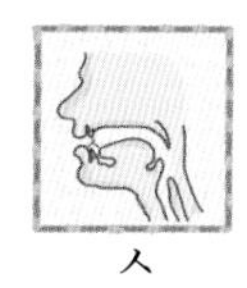

ㅅ
잇소리

ㅇ
목구멍소리

한글의 자음은 입과 혀의 모양과 발음하는 모양새를 본떠 만들었어요. 혀뿌리가 목구멍을 닫고 있는 모양을 본떠 'ㄱ'이라고 하고, 혀끝이 위쪽 잇몸에 닿은 꼴을 본떠 'ㄴ'이라고 했지요. 이런 방법으로 만든 기본자인 'ㄱ, ㄴ, ㅁ, ㅅ, ㅇ'에 획을 더해서 나머지 자음을 만들었어요.

나머지 자음 ㅋ, ㄷ, ㅌ, ㄹ, ㅂ, ㅍ, ㅈ, ㅊ, ㅿ, ㆆ, ㅎ, ㆁ

조선의 교육

조선 시대 교육의 목적은 유교적 소양을 기르고 관리를 양성하는 것이었어요. 천민이 아니면 누구나 교육을 받을 수 있었으나, 실제로는 양반 자녀들을 중심으로 교육이 이루어졌어요. 양반은 어려서 서당에 입학하여 문자를 익히고, 각 고을에 설치된 향교에 입학해서 공부를 했어요. 서당은 사설 교육 기관이었고, 향교는 지방에서 유학을 가르치는 국립 교육 기관이었어요. 한양에는 최고의 국립 교육 기관인 성균관이 있었어요.

또한 조선에서는 과거를 통해서 관리를 선발했는데, 양반 자녀들이 과거의 1차 시험인 초시에 합격하면 성균관에 입학해서 본격적으로 과거 시험을 준비했어요. 과거에는 문과, 무과, 잡과가 있었어요. 잡과는 기술관을 뽑는 시험이어서 주로 중인들이 응시했어요.

성균관
성균관은 조선 최고의 인재를 키우는 국립 교육 기관이에요. 이곳에서 유학의 경전을 비롯해 역사와 문학을 배웠어요. 성균관 출신들은 출세가 보장되기 때문에 양반 자녀들은 이곳에 들어가려고 노력을 했어요.

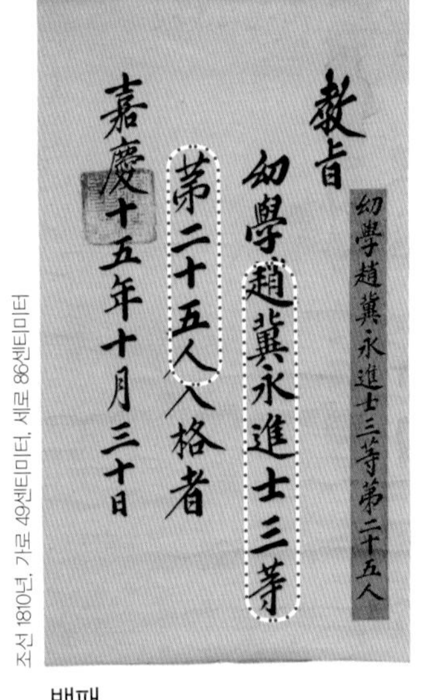
幼學趙冀永進士三等第二十五人

教旨
幼學趙冀永進士三等第二十五人入格者
嘉慶十五年十月三十日

조선 1810년, 가로 49센티미터, 세로 88센티미터

백패
조선 후기 문신인 조기영의 백패예요. 백패는 흰 종이에 쓴 소과 시험 합격증이에요. '조기영 진사 3등 제25인'이라는 시험 성적이 기록되어 있어요.

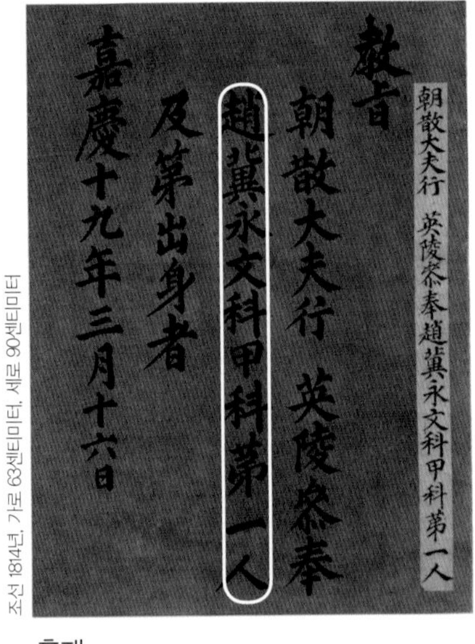
朝散大夫行 英陵叅奉趙冀永文科甲科第一人

教旨
朝散大夫行 英陵叅奉
趙冀永文科甲科第一人
及第出身者
嘉慶十九年三月十六日

조선 1814년, 가로 63센티미터, 세로 90센티미터

홍패
조기영이 대과 시험에 합격하고 임금으로부터 받은 홍패예요. 문과, 무과 시험을 대과라고 부르는데, 여기에 합격해야 관직에 나갈 수 있었어요. '조기영 문과 갑과 제1인'이라고 기록되어 있어요.

대동여지도, 지도에 담은 동방의 큰 나라

1861년 김정호는 17세기 이래의 우리나라 지도학을 집대성하여 대동여지도를 간행했어요.

대동여지도는 우리나라 전체를 남북 120리 간격으로 구분해 22개 부분으로 나누었어요. 22개 부분을 모아서 펼쳐 놓으면 무려 세로 6.6미터, 가로 4미터로, 적어도 3층 이상 되는 건물이어야 이 지도를 걸 수 있지요. 그러나 각 부분의 지도는 한 권의 책으로 묶어 동서 80리를 기준으로 접고 펼 수 있게 만들어, 가지고 다니면서 보기가 쉬웠어요.

대동여지도는 오늘날의 발전된 측량 기술로 만든 지도와 비교해도 손색이 없는 정확하고 우수한 지도랍니다.

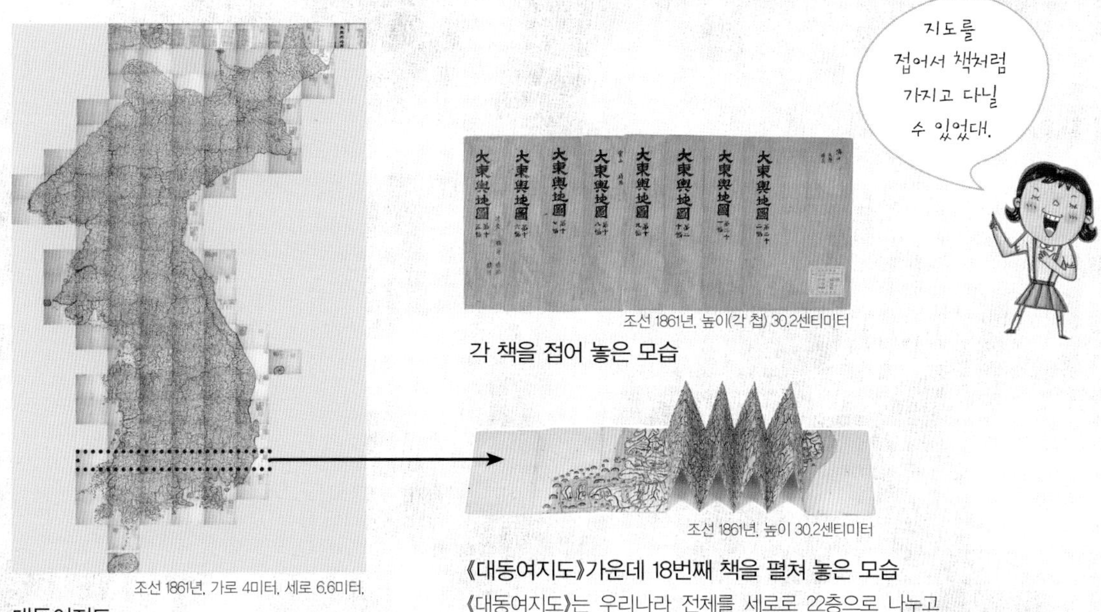

조선 1861년, 가로 4미터, 세로 6.6미터.

대동여지도

조선 1861년, 높이(각 첩) 30.2센티미터

각 책을 접어 놓은 모습

조선 1861년, 높이 30.2센티미터

《대동여지도》가운데 18번째 책을 펼쳐 놓은 모습

《대동여지도》는 우리나라 전체를 세로로 22층으로 나누고 각 층을 한 권씩 책으로 묶었어요.

조선 1861년, 높이 30.2센티미터

《대동여지도》제13층, 서울 인근

대동여지도의 13번째 책으로, 서울 인근의 모습이 담겨 있어요.

김정호는 목판에 새겨 《대동여지도》를 만들었어요. 이렇게 목판에 지도를 새기면 필요한 지도를 여러 장 찍을 수 있어 편리했지요.

사림의 성장

조선, 가로 66.5센티미터, 세로 36센티미터

《성학십도》
이황이 성리학의 핵심 원리를 그린 그림을 엮은 책이에요.

조선은 선비의 나라라고도 해요. 조선 중기(16세기)에는 '사림'이라고 불리는 선비들이 정치 · 경제 · 문화 등의 사회 전반을 이끌어 나갔어요. 사림들은 성종 때 처음으로 조정에 진출했어요. 성종은 성리학자들을 등용해서 문화 정치를 펼치고자 했어요. 성종은 공부하기를 좋아해서 이름난 학자들과 가까이 지냈어요. 사림들은 성리학을 조선에 맞게 변형하고, 이를 정치에 적용해 도덕과 의리를 바탕으로 하는 왕도 정치, 즉 사림 정치를 펼치려고 했어요. 그러나 오랫동안 권력을 쥐고 부정부패를 많이 저지른 훈구 세력들 때문에 이런 정치를 실현하기가 쉽지 않았어요. 하지만 성종의 뜻에 따라 많은 성리학자들이 조정에 진출하면서 훈구 세력들은 조금씩 힘을 잃게 되었어요. 이후, 조선에서는 오랫동안 **사림파**와 **훈구파**가 서로 권력을 잡으려고 싸웠어요. 마침내 선조 때 사림 세력들이 훈구 세력을 몰아내고 정권을 장악했지요.

하지만 중앙 정치를 주도하던 사람은 다시 동인과 서인으로 나뉘었어요. 결국 붕당이 형성되고, 16세기 이후 조선은 붕당정치를 만들어 나갔어요. 붕당은 학문적 경향과 정치적 이념을 같이하는 무리를 일컫는 말이고, 붕당정치는 사람들이 붕당을 이루어 상호 비판하고 견제하면서 행하던 정치 형태를 말해요.

사림파
조선 세조 때부터 갈라지기 시작한 유림의 네 파 중 하나예요.

훈구파
조선 세조 때부터 갈라지기 시작한 유림의 네 파 중 하나예요.

조선, 가로 138센티미터, 세로 26.8센티미터

도산서원도
강세황이 도산서원의 모습을 그린 그림이에요. 도산서원도를 그린 이유, 이황의 업적, 도산서원도에 대한 소개 등이 옆에 자세히 쓰여 있어요.

조선의 대외 관계

조선은 중국의 명나라, 일본, 여진 등의 주변 국가들과 다양한 교류를 했어요. 조선과 명나라는 건국 초, 여진 문제와 요동 지역을 둘러싸고 갈등을 빚기도 했지만, 조선은 명나라를 상국으로서 사대하고 명나라와 조공무역을 하는 형태로 관계가 정착되었어요. 조선은 당시 명나라에게 조공을 바치고 왕권과 국가의 안정을 확보하는 사대 정책을 펼친 것이었어요.

사대
작고 약한 나라가 크고 강한 나라를 섬기는 것을 말해요.

조공무역
속국이나 제후가 종주국에게 공물을 바침으로써 이루어지는 물물교역의 관계예요.

조선은 명나라를 통해서 선진 문물을 전해 받았어요. 또한 명나라에 사신을 파견하기도 했어요. 이렇게 파견된 사신들과 명나라의 사신을 맞이하는 영접사는 대부분 학문이 뛰어난 사람들로, 명나라의 지식인들과 문화와 학술 교류를 활발히 했어요.

이덕형 편, 조선 1624년, 가로 68센티미터, 세로 41센티미터

명나라로 가는 바닷길
조선 인조의 책봉을 요청하기 위해 명나라에 간 사신 이덕형 일행의 행차 길을 담은 그림이에요.

예겸 편, 중국 명 1450년, 가로 1,600센티미터, 세로 33센티미터

조선의 학자와 중국의 사신이 주고받은 시
세종 대왕 때 사신으로 온 명나라의 예겸이 집현전 학사들과 주고받은 시를 모은 문집이에요. 명나라의 사신과 조선 관리들은 서로 술잔을 기울이며 시를 주고받기도 했는데, 이 유물도 그중 하나랍니다.

중국 사신과
친필로 주고받은
시는 조선 초기의
서예사 연구에도
귀중한 자료가 되지.

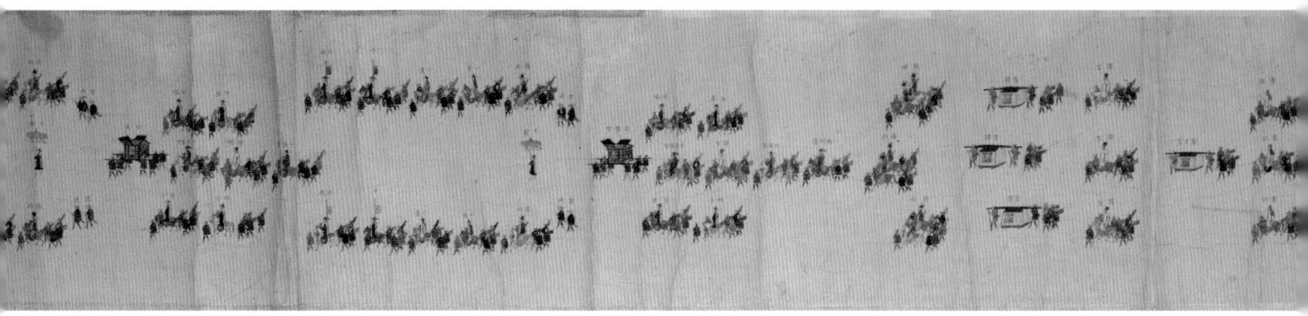

조선, 가로 595센티미터, 세로 30.7센티미터

에도성에 들어가는 통신사 행렬도

인조 14년(1636) 통신사 일행이 에도(지금의 도쿄)성으로 들어가는 모습을 그린 행렬도예요.

대마도 정벌
왜구의 소굴인 대마도를 정벌한 일이에요.

강경책
타협이나 양보 없이 힘 있고 굳세게 대응하는 방책을 말해요.

삼포 개항
일본의 청에 따라 삼포를 개항하고 일본에게 교역을 허락한 일이에요.

회유책
적당한 양보 조건을 제시해 구슬리려는 방책이에요.

일본과는 때로는 싸우고 때로는 서로 물자를 교환하는 등 상황에 맞게 외교 정책을 펴서 나라를 안정시켰어요. **대마도 정벌**(1419)과 같은 **강경책**과 **삼포개항**(1426)과 같은 **회유책**을 함께 사용한 것이었죠.

그러다 임진왜란(1592~1598)을 겪으면서 일본과의 외교를 단절했어요. 일본의 침략으로 조선은 많은 피해를 입었는데, 전쟁 중에 수많은 조선인이 일본으로 끌려갔으며, 활자, 서적, 도자기, 그림 등 수많은 문화재가 불에 타거나 일본에게 약탈되었

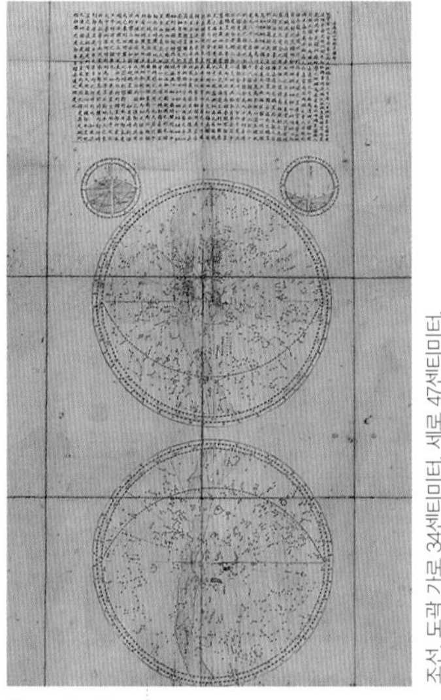

조선, 도곽 가로 34센티미터, 세로 47센티미터, 최대규격 가로 68센티미터, 세로 47센티미터

《곤여도》
아홉 권으로 이루어진 지도책이에요. 천문도, 세계 지도, 중국 각 지역의 지도가 담겨 있어요.

여기서 잠깐!

이유를 써 보세요.

조선 후기의 사람들이 중국 중심의 세계관에서 벗어나 좀 더 폭넓은 세계관을 가지게 된 까닭은 무엇인가요?

____

____

☞ 정답은 56쪽에

어요. 이후 일본은 정권 교체를 이루면서 조선에게 관계의 회복을 요청했어요. 일본과의 관계는 주로 통신사와 관련된 유물을 통해 알아볼 수 있어요. 임진왜란 후 일본은 60여 차례에 걸쳐 조선에 사신을 보냈어요. 조선은 모두 12차례에 걸쳐 일본에 400~500명 규모의 통신사를 보냈어요. 통신사는 6개월에서 12개월 정도 일본에 머무르면서 일본인들과 성리학, 문학, 의학, 미술 등 여러 분야에서 활발하게 교류했지요.

만주에 흩어져 살던 여진족은 16세기 말에 후금을 세웠어요. 세력을 키운 후금은 조선을 위협하기 시작했어요. 후금은 나라 이름을 청나라로 고치고, 조선에 임금과 신하의 관계를 맺을 것을 요구했어요. 조선이 이를 거절하자 후금은 조선을 침략했어요. 임진왜란이 끝난 지 30여 년만인 1636년에 또 다시 병자호란이라는 전쟁이 일어났어요. 임진왜란과 병자호란을 겪으면서 백성들의 삶은 굉장히 어려웠어요.

임진왜란
1592년부터 1598년까지 7년 동안 두 차례에 걸쳐 일본이 조선을 침략하여 일어난 전쟁이에요.

병자호란
1632년 12월부터 이듬해 1월까지 청나라가 두 차례에 걸쳐 조선을 침략하여 일어난 전쟁이에요.

한편 조선은 개항 이전에 서양 문물을 수입하기 위해서도 정기적으로 중국에 사신을 보내는 등 많은 노력을 기울였어요. 그래서 중국에서 만든 서학서와 세계 지도뿐만 아니라 천리경, 자명종, 지구의 같은 새로운 문물을 조선 왕실에 들여왔지요. 그 결과, 중국 중심의 세계관에서 벗어나 좀 더 폭넓은 세계관을 가지게 되었어요.

조상들의 정신 세계

우리의 전통 사상은 시대와 상황에 따라, 신분과 계층에 따라 다양했어요. 고려 시대는 주로 불교, 조선 시대에는 주로 유교 중심의 사회였어요.

우리나라에 불교가 들어온 것은 삼국 시대에는 처음에는 왕과 귀족들이 믿었고, 이후 점차 서민들에게 퍼져 나갔지요. 이후 불교는 꾸준히 발전해서 하나의 문화로 우리 역사에 큰 영향을 미쳤어요. 불교와 관련된 많은 유물들이 지금까지 남아 있어요. 여러 모습의 부처님상, 불경을 적은 책, 석탑 등을 우리는 박물관에서 볼 수 있답니다.

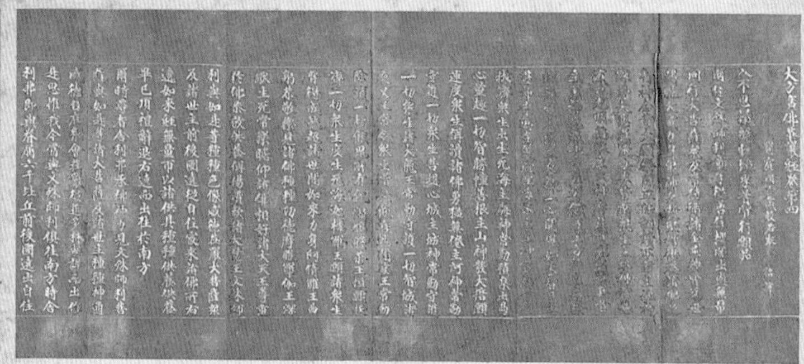

고려 14세기, (왼쪽의 접은 모습) 가로 12.3센티미터, 세로 31센티미터

통도사에서 베껴 쓴 화엄경

법화경, 금강경과 더불어 대승 불교 3대 경전 중의 하나예요. 1836년에 경상도 양산의 통도사에서 베껴 쓴 것으로, 모두 47쪽으로 이루어져 있어요. 끝 부분에 왕과 왕비 등의 장수를 기원하는 글과 함께 시주한 사람, 교정한 사람, 경전을 베낀 사람 등의 이름이 적혀 있어요.

조선 시대는 흔히 유교의 나라라고 해요. 유교는 부모에 대한 효도, 임금에 대한 충성, 백성에 대한 어진 정치 등 현실적인 도덕과 가치를 강조했어요. 조선 시대에는 많은 유학자들이 조선에 맞

조선 18세기, 높이 86센티미터

왕세자의 만수무강을 비는 전패

절에서 부처를 모셔 놓은 곳에 세웠던 전패*예요. 전패의 형태와 문양 등으로 미루어 이 왕세자는 숙종의 아들로서 제20대 왕이 된 경종으로 추정되어요.

*전패 : 왕과 그 가족이 오래오래 살도록 기원하기 위해 나무로 만든 패예요.

는 성리학을 확립함으로써 유학 발전의 바탕을 마련했어요. 대부분의 고을에 향교를 세우고 오늘날의 사립학교 격인 서원을 운영했어요. 선비들은 '향약'을 보급하여 일반 백성들까지 유교의 가르침을 실천하도록 이끌었어요. 조선 시대는 유교와 관련된 유물이 많이 남아 있어요.

도교는 중국의 민간 신앙과 도가, 유교, 불교 등 여러 가지 사상이 합쳐져 이루어진 종교예요. 신선처럼 불로장생하는 것이 도교의 가장 높은 목표였지요. 고려 시대에 크게 발전했지만 조선 중기인 16세기에 유학자들의 주장으로 도교 의식이 폐지되면서 점점 쇠퇴했어요.

고려 후기, 높이 3센티미터, 입지름 14센티미터

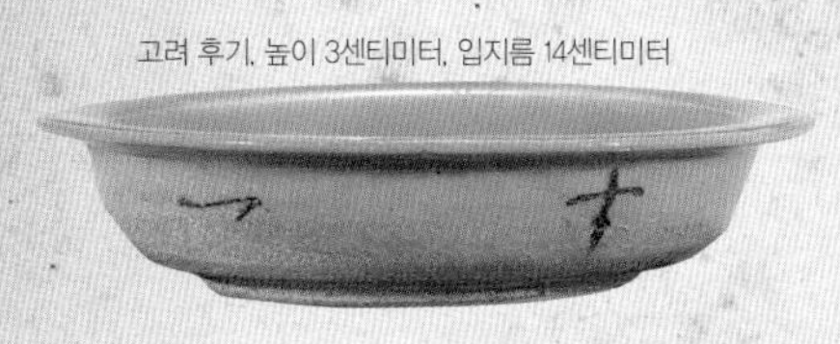

별자리 제사에 사용한 접시

도교와 불교, 유교가 들어오기 훨씬 전부터 조상들은 해와 달, 북두칠성, 나무, 동물 등 주변의 많은 것에 신령이나 어떤 의미가 깃들어 있다고 믿었어요. 이러한 믿음을 흔히 민간 신앙 또는 토속 신앙이라고 해요. 민간 신앙은 후에 들어온 불교나 유교, 도교 등의 영향을 받아 내용이 점차 풍부해졌어요.

무당의 혼이 담긴 거울, 명두

신당 벽면의 신령 그림 위에 걸어 두는, 무당이 쓰던 도구예요. 신과 대화할 수 있는 무당의 신기한 능력을 상징해요.

조선 후기, 가로 50센티미터, 세로 71.5센티미터

산신 그림

산신이 호랑이에 기대앉아 있어요. 호랑이 자체를 산신으로 여기기도 했지요. 사람들은 산신이 마을의 평화와 풍년, 자손의 번영 등을 주관한다고 믿었고, 사찰의 수호신으로 생각하기도 했어요.

새로운 질서의 모색

17세기는 병자호란과 임진왜란의 전쟁을 겪고 난 이후 사회 질서를 복구하고 새로운 질서를 모색한 시기예요. 이때는 사림이 붕당을 형성해서 서로 논쟁을 하며 나라를 이끌어 나갔어요. 권력을 잡은 사림파들이 자기들끼리 편을 갈라서 서로 경쟁한 것이 바로 '당쟁'이에요. 서인과 남인으로 나뉘어진 사림은 정책과 예론을 둘러싸고 서로 대립하고 논쟁하면서 주도권을 주고받았어요. 남인과 서인이 오랫동안 다투었던 문제로 '예송 논쟁'이 있었어요. 또한 이 시기에는 예학이 발달했어요. 예학은 예의나 법도와 관련해서 체계적으로 정립한 학문이에요. 전쟁 후 흐트러진 사회 질서를 회복하기 위해서 예학을 강조했어요.

예송 논쟁

효종이 죽자, 살아 있던 효종의 어머니인 자의대비가 상복을 얼마 동안 입어야 하는지에 대해 서인과 남인의 생각이 달랐어요. 송시열을 비롯한 서인은 경국대전에 둘째 아들일 경우에는 어머니가 상복을 1년 동안 입는다고 나와 있기 때문에 자의대비가 상복을 1년 동안 입어야 한다고 주장했어요. 반면 윤선도로 대표되는 서인은 둘째 아들이라도 효종이 왕이기 때문에 첫째와 같은 대우를 해 어머니가 3년 동안 상복을 입어야 한다고 주장했어요. 남인과 서인은 이 문제로 시끄럽게 다투었는데, 이러한 예법에 관한 논쟁을 예송 논쟁이라고 해요.

조선, 가로 57센티미터, 세로 72.1센티미터

허목 초상화

조선 중기의 대표적인 남인 학자인 허목의 초상화예요.

조선, 가로 52.1센티미터, 세로 124.2센티미터

송시열 초상화

조선 중기 대표적인 서인 학자이자 정치가인 송시열의 초상화예요.

대동법의 실시

17세기에 조선은 사회 · 경제 분야에서 다양한 개혁을 추진했어요. 국가 재정을 확충하기 위해 새로운 조세 제도인 **대동법**을 실시했고, 호패와 호적 제도의 정비를 통해서 국가에 필요한 인력을 확보했어요.

대동법
여러 가지 공물을 쌀로 통일하여 바치게 한 납세 제도예요. 지역에 따라 쌀 대신에 베를 거두기도 했는데, 1894년에는 쌀 대신 돈으로 바치게 했어요.

조선 시대의 공물 제도는 지방의 특산물을 바치는 것이었어요. 이 과정에서 공물 부담의 불공평, 관리들의 부패 등으로 백성들의 부담은 점점 커졌지만 국가의 수입은 오히려 감소했어요. 이러한 납세 제도의 폐단을 바로잡기 위해서 토지에 따라 공물을 쌀로 바치는 대동법으로 변경한 것이에요. 이전에 공납은 한 집을 기준으로 매겨졌지만 대동법은 토지 면적을 기준으로 하였기 때문에 많은 토지를 가진 사람들이 더 많은 세금을 내게 되었어요. 대동법의 실시로 농민의 부담이 덜어지고, 상업과 수공업이 발달하게 되었어요.

조선 후기, 지름 8.8센티미터

수세패

세금을 걷는 관리의 신분증이에요.

조선 후기, 가로 428센티미터, 세로 25센티미터

농촌의 추수 기록

조선 시대에 농민들은 더 많은 곡식을 생산하기 위해 농업에 관련된 책을 읽었어요.

물건의 길이는 어떻게 쟀을까요?

물품을 거래하려면 그 물품의 크기와 무게 등을 정확히 알아야 적절한 가격을 매길 수 있겠죠? 그래서 도량형을 정했어요. 도량형은 길이, 양, 무게를 재는 기구 또는 단위법을 말해요. 도량형의 '도'는 길이를 재는 기준으로 흔히 '자'라고 불렀어요. 악기를 재는 황종척, 토지를 재는 주척 등 자의 종류에 따라 한 자의 길이는 조금씩 달랐지만 대략 30센티미터 정도였어요.

조선 18세기 후반, 길이 49.7센티미터, 폭 1.6센티미터

정조가 신하에게 내린 자, 중화척

조선 18세기, 길이 31센티미터, 폭 1.9센티미터

네 면에 각각 다른 척도를 새긴 놋쇠 자

조선, 길이 30.7센티미터, 폭 1.3센티미터

대나무와 상아로 된 자

> **당백전을 많이 찍으면?**
> 조선 말기 흥선 대원군이 경복궁을 다시 짓고, 군사비를 늘리기 위해 세금을 많이 거두자 백성들의 원성이 높아졌어요. 그러자 흥선 대원군은 그 당시 화폐였던 당백전을 더 많이 찍어 냈어요. 돈이 필요하니까 화폐를 더 만드는 것이 당연한 것처럼 느껴지지요? 하지만 물건과 자원은 한정되어 있는데 돈을 많이 만들면 물가가 오르고 화폐의 가치는 떨어지게 돼요. 당백전을 필요 이상으로 많이 찍어 낸 결과 쌀값이 6배나 오르는 등 조선의 경제가 혼란에 빠졌답니다.

상평통보의 발행

필요한 물건을 사고팔기 위해서는 돈이 필요해요. 옛날에도 오늘날과 마찬가지로 돈을 만들어 사용했어요. 고려 시대에 동전과 같은 금속 화폐가 등장했으나 전국적으로 사용되지 못해서 농촌에서는 여전히 곡물이나 옷감 등을 화폐로 사용했지요. 그러다 조선 시대에 본격적으로 금속 화폐가 널리 쓰였어요.

상평통보는 조선 후기에 전국에 걸쳐 널리 사용된 동전이에요. 앞면에는 상평통보라는 문자를 새겼고, 뒷면에는 만든 관청 이름과 주조 번호를 새겨 넣었어요. 엽전 한 닢은 한 푼이고, 10푼이 1전, 10전이 한 냥이에요. 상평통보 가운데 흥선 대원군이 경복궁을 다시 지을 때 발행한 화폐가 '당백전'이에요.

여기서 잠깐!

일찍 나온 순서대로 써 보세요.

고려 시대부터 금속 화폐가 유통되었어요. 보기의 화폐들을 순서에 따라 써 보세요.

보기	해동통보, 조선통보, 상평통보 당일전, 상평통보 당백전

____

____

☞ 정답은 56쪽에

어떤 금속 화폐를 사용했을까요?

고려, 지름 2.4센티미터

고려의 동전, 해동통보
현존하는 우리나라 최초의 주화로, 구리로 만들었어요. 앞면에는 '해동통보'라는 글자가 새겨져 있어요.

조선 전기, 지름 2.3센티미터

조선 최초의 동전, 조선통보
조선 초기, 종이 돈이 잘 유통되지 않자 이 동전을 만들었어요. 당나라의 개원통보를 본떠 만들었답니다.

조선 후기, 지름 2.6센티미터

상평통보 당일전
상평통보는 발행 시기에 따라 그 이름이 다 다른데, 당일전은 그중 맨 먼저 만든 주화예요.

조선 시대의 화폐 가치

돈 1냥, 쌀 1말, 베 1필의 가치

조선 시대에는 계절이나 농사의 풍작 정도에 따라 물가가 심하게 변했어요. 따라서 돈 1냥으로 살 수 있는 물건의 양도 지역이나 시기에 따라 차이가 있었지요. 그러면 조선 시대의 돈 1냥은 오늘날 얼마의 가치를 가질까요?

18세기 정부 환산 기준에 따르면, 무명이나 삼베 1필은 돈 2냥에 해당했어요. 이것을 쌀로 바꾸어 계산하면 6말이 되므로(베 1필 = 쌀 6말) 돈 1냥은 쌀 3말의 가치와 같았지요. 이때 쌀 1말의 부피는 6리터예요. 그러므로 쌀 3말의 부피는 18리터가 되지요(정부의 법전 기준). 이것은 오늘날의 0.9말과 같아요.

2019년 기준으로 쌀 1말(20리터, 16킬로그램)의 소매 가격이 8만 원 정도이므로, 18세기 돈 1냥은 지금 돈으로 7만 원 정도가 되지요.

조선 시대 돈 1냥은 현재 쌀 0.9말의 가치와 같고, 이것은 지금 돈으로는 7만 원 정도예요.

소 값보다 못한 노비 가격

조선 시대 노비는 주인집에 속해서 농사를 짓고 집안일을 했어요. 또 이들은 다른 사람에게 팔리기도 했지요. 당시 노비는 얼마에 사고팔렸을까요?

숙종 38년(1712)에 작성된 한 노비 문서를 보면, 이 생원은 자신이 데리고 있던 엄마와 아들 노비를 45냥에 팔았어요. 노비 1명의 가격이 23냥쯤 되었던 셈이에요. 그 당시 소 한 마리 값은 30냥 전후인 것으로 알려져 있어요. 물가의 변화가 다소 있겠지만 이 생원은 자신의 노비를 소 값보다 못한 가격에 판 것이에요. 이는 조선 시대 노비의 열악한 상황을 보여 주는 좋은 예이지요.

조선 시대 노비는 소 한 마리 값보다 낮은 23냥쯤에 팔렸어요.

탕평과 문화의 진흥

조선, 가로 44센티미터, 세로 64.9센티미터

영조의 기로소 엄소 기념 화첩

영조왕때 노인들의 장수를 기원하고 축하하는 잔치를 그린 그림이에요.

18세기와 19세기는 조선 시대에 가장 큰 변화가 있었던 시기예요. 17세기에 전쟁으로 혼란스러웠던 나라를 예학 강조, 대동법 시행, 상평통보 발행 등으로 잘 정비한 후, 안정된 정국을 바탕으로 조선의 문화와 예술, 여러 학문을 발전시켰어요. 특히 영조와 정조 임금이 다스리던 때는 조선 문화의 전성기라고 불러요.

영조는 52년 동안 나라를 다스렸어요. 영조 시대에는 정국이 노론과 소론으로 분리되어 서로간의 당쟁이 치열하던 시대였는데, 영조는 한쪽에 치우치지 않고 실력 있는 인재를 등용하려고 노력했어요. 영조는 어려서부터 왕위에 오르기까지 극심한 당쟁을 겪었기 때문에 이를 없애고 싶어했어요. 또한 영조는 검소하여 무명으로 된 잠옷과 명주 이불, 요를 사용했어요. 그리고 종묘와 능묘의 행차와 대비를 섬기는 데에도 소홀함이 없어 충효의 모범으로 칭송받았어요.

영조는 학문을 사랑한 왕이었어요. 52년의 통치 기간 동안 경연을 3,458회나 실시했어요. 또한 과중한 세금으로 괴로워하는 백성들을 위해

종묘
역대 임금과 왕비의 위패를 모시던 왕실의 사당이에요.

능묘
임금이나 왕비의 무덤이에요.

경연
임금의 학문 수양을 위해 신하들이 임금에게 유교의 경서와 역사를 가르치는 일을 이르던 말이에요.

조선 1623년, (접었을 때) 가로 46.8센티미터, 세로 62.5센티미터

사궤장연겸기영회첩

인조가 원로대신 이원익에게 팔걸이 의자와 지팡이를 내리면서 베푼 잔치에 관한 책이에요.

균역법을 마련하여 이를 해결했어요. 영조 때는 다양한 문화를 꽃피웠던 시대였는데, 조선 시대의 유명한 화가이자 선비인 겸재 정선은 영조 때 '인왕제색도', '금강전도' 등의 훌륭한 그림을 남겼어요. 또한 이중환은 전국을 돌면서 각 지역의 지도와 지역에 관한 정보를 엮은 '택리지'를 만들었어요.

균역법
1750년에 백성들이 지는 균역의 부담을 줄이기 위해 만든 납세 제도예요. 종래의 군포를 두 필에서 한 필로 줄이고, 부족한 액수는 어업세, 선박세, 결작 따위를 징수해 보충했어요.

정선
조선 말기의 화가예요. 진경산수에서 현실감 넘치는 독창적인 화풍을 완성했고, 이를 통해 한국 회화의 발전에 공헌했어요.

탕평
싸움이나 시비, 논쟁 따위에서 어느 쪽에도 치우치지 않는 것이에요.

융릉
장조(사도세자)와 그의 비인 헌경왕후(혜경궁 홍씨)의 무덤이에요.

조선, 가로 115.5센티미터, 세로 143.2센티미터

규장각도

창덕궁 후원의 규장각 전경을 그린 그림이에요.

영조의 뒤를 이은 왕은 정조였어요. 정조는 영조의 탕평 정치를 계승하면서 현명한 인재를 두루 등용하고, 규장각을 세워 학문 정치의 기틀을 다지면서 탕평 정치를 실현했어요. 정조가 1776년에 설립한 규장각은 정치 · 행정 · 학술 · 문화 및 도서관 등의 복합적 기능을 갖춘 기관이에요. 정조는 이곳에서 어느 당파에 치우치지 않고 다양한 인재들을 양성해 정치의 기반을 마련했어요. 정조는 양반의 서자들도 관직에 나갈 수 있도록 했고, 서얼과 중인 출신들의 문학도 적극적으로 지원했어요. 그래서 이 시기를 '문화의 황금기'라고 불러요. 이 시기에는 중국의 문화에서 벗어나 독창적인 조선 문화를 이루려는 움직임이 사회 곳곳에서 일어났어요. 또한 정조는 사도세자의 융릉과 가까운 곳에 화성을 건설했어요. 정조가 화성을 세운 목적은 화성을 제2의 도읍지로 정해서 낡은 세력을 몰아내고 개혁 정치를 실현하고자 했던 것이에요. 현재 수원에 있는 화성은 유네스코 세계문화유산으로 지정되어 있어요.

조선, 가로 62.2센티미터, 세로 47.3센티미터

화성원행의궤도

정조가 사도세자의 능에 참배하러 가는 모습을 그린 그림이에요.

실학의 등장

17세기부터 조선에 실학자들이 등장하기 시작했어요. 이들은 학문이란 생활에 쓸모가 있어야 하는 것이라고 생각하고 실학을 주장했어요. 이들은 당시 명분을 중요시했던 성리학자들과는 많이 달랐어요. 실학자들은 농업을 중시하면서 토지 제도의 개혁을 주장했고, 상업을 중요시했어요. 이들은 청나라의 발전된 문물을 배우는 데 적극적이었어요. 유형원, 이익, 정약용, 박지원, 박제가, 홍대용 등이 대표적인 실학자들이었어요.

당시 중국과의 교류를 통해서 조선에 서양의 과학 지식과 천주교가 들어오기 시작했고, 이것의 영향으로 사회 모순을 해결하고 현실 문제를 개혁하기 위한 실학이 발생했어요. 또한 실학의 영향으로 중국 회화를 따라하던 것에서 탈피하여 우리 산천의 고유한 모습을 화폭에 담고자 한 진경산수가 유행하게 되었어요.

이 시기에는 중인 문화가 발전하기도 했어요. 조선은 백성을 양반, 상민, 천민으로 나눈 신분 사회였어요. 중인은 서열상 양반과 상민 사이에 존재하는 중간 계층이었어요. 서자, 향리, 서리, 기술직을 가진 사람들이 모두 중인이었어요. 중인은 조선 후기에 정치 · 경제적으로 성장해 그들만의 문화를 형성했어요.

실학
실생활의 유익을 목표로 한 학문이에요. 17세기부터 19세기 전반까지 융성했어요.

실학자
실학을 주장하거나 실학 운동에 동참한 사람을 말해요.

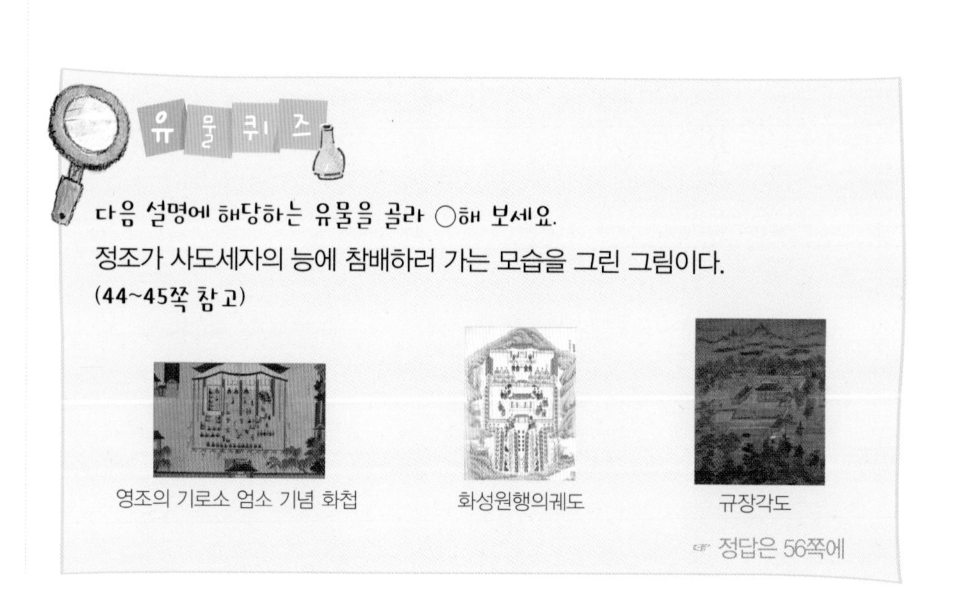

금속 활자 인쇄의 전성기, 조선 시대

조선 초기부터 왕실에서 관심을 갖고 추진한 활자 제작은 영조와 정조에 이르러서 활기를 띠게 되었어요. 다양한 글자체의 활자를 만들어 서적의 출판이 활발하게 되었고 대량으로 책을 간행할 수 있게 되었어요. 또한 한글로 된 출판물이 나오면서 서민과 여성들의 지적 욕구가 높아졌어요.

금속 활자로 책을 인쇄해요.

❶ 글자 교정본 정하기
어떤 글씨체로 활자를 만들지, 또 필요한 활자가 몇 개 있어야 되는지 정해요.

❷ 조판하기
책의 크기와 각 칸에 맞게 틀을 만들고, 책의 내용대로 활자를 골라서 맞추어 밀랍으로 고정해요.

❸ 먹물 칠하기
조합한 활자판 위에 기름기 있는 먹물을 고르게 칠해요.

❹ 인쇄하기
먹물을 칠한 활자판 위에 종이를 덮고, 먹물이 잘 묻도록 머리카락을 뭉친 '인체'로 문질러서 찍어 내요.

❺ 교정하기
인쇄한 것을 보고 잘못된 글씨 등을 찾아 고쳐요.

❻ 책 매기
모두 인쇄되면 앞뒤에 표지를 대요. 그리고 세로로 구멍을 5개 뚫고 실로 매요.

근대 사회를 향한 노력

19세기 중반부터 서양의 여러 국가들이 아시아에 진출하기 시작했어요. 조선의 해안에는 서양의 상선들이 나타나 개방을 요구했어요. 흥선 대원군을 비롯한 조선의 지도층은 서양 세력의 개방 요구를 거부하는 정책을 추진했어요. 반면 서양과의 교류를 통해서 문물을 적극적으로 받아들이자는 개화파들도 있었어요.

고종 13년(1876)에 조선은 일본과 강화도 조약을 체결하고 통상을 시작했어요. 이어서 조선은 청나라, 미국 등의 나라들과 통상 조약을 맺었어요.

조선은 그동안의 쇄국 정책을 버리고 외국의 문물을 받아들이는 개화 정책을 펼쳐나갔어요. 이러한 와중에 임오군란(1882), 갑신정변(1884), 동학농

흥선 대원군
고종 때의 정치가예요. 고종의 아버지로, 고종이 즉위에 오르자 대원군에 봉해지고 고종 대신 정치를 했어요.

고종
조선 제26대 왕이며, 대한 제국의 초대 황제예요. 1897년 조선의 국호를 대한 제국으로 고쳤고 황제가 되었어요.

강화도 조약
1876년 조선과 일본이 체결한 수호 조약으로 군사력을 동원한 일본의 강압에 따라 체결된 불평등 조약이에요.

대한 제국, 가로 9.2센티미터, 세로 9.2센티미터

칙명지보
고종 임금이 대한 제국의 황제에 오르면서 만든 국새예요.

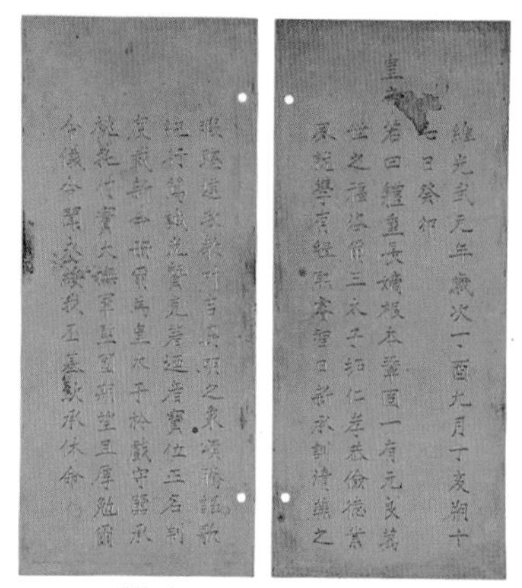

대한 제국, 가로 21센티미터, 세로 23.5센티미터

금책
고종 황제가 아들인 순종을 황태자로 책봉할 때 만든 금책이에요.

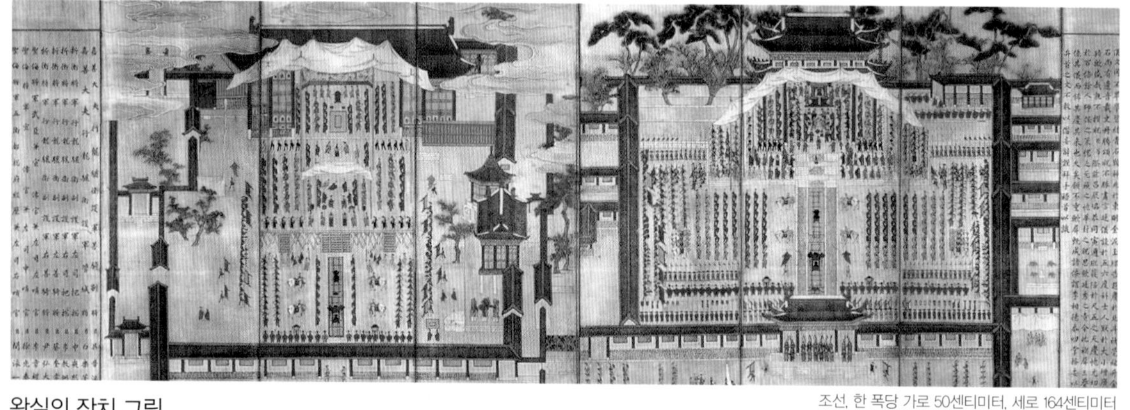

조선, 한 폭당 가로 50센티미터, 세로 164센티미터

왕실의 잔치 그림
고종 때 세자가 책봉되는 장면과 세자 책봉을 축하받는 장면을 그렸어요.

민전쟁(1884), 갑오개혁(1894) 등의 여러 사건을 겪으면서 조선의 근대화는 격동적으로 이루어졌어요.

갑신정변 이후, 청나라와 일본은 서로 조선을 차지하려 했고, 다른 서양 세력들도 호시탐탐 조선을 노리고 있었어요. 이러한 혼란스러운 상황에 고종은 주변 강대국들의 침입에 맞서 나라의 주권을 지키고 근대화를 이룩하기 위해서 대한 제국을 세웠어요. 고종은 나라의 이름을 조선에서 대한 제국으로 바꾸고 왕을 황제라고 부르게 했어요.

독립신문

대한 제국, 가로 19.5센티미터, 세로 27.5센티미터

독립신문

서재필이 1896년 4월에 창간한 우리나라 최초의 한글 신문이에요.

皇城新聞

대한 제국, 가로 23.4센티미터, 세로 30.7센티미터

황성신문

남궁억이 1898년 9월에 창간한 신문으로 한글과 한문을 섞어 썼어요.

대한 제국 시대에는 나라 안팎의 혼란스러운 상황에서도 신문과 같은 근대적 출판물이 간행되고, 학교와 의원이 세워지고, 철도와 전신이 설립되는 등 새로운 제도와 문물이 생겨나고 발전했어요.

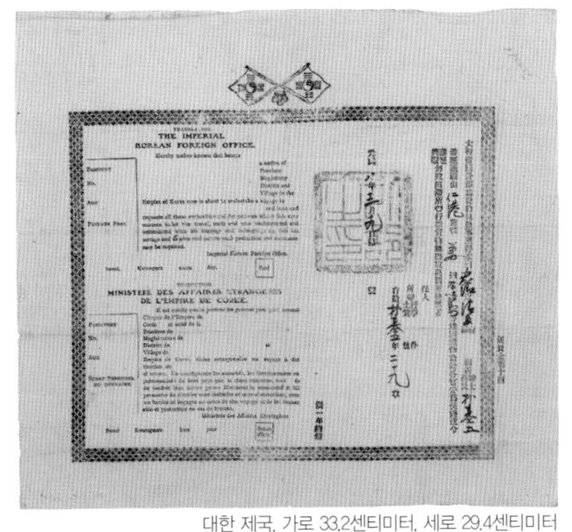

대한 제국, 가로 33.2센티미터, 세로 29.4센티미터

여권(태극기가 그려진 대한 제국기의 여권)

대한 제국 때 외교를 담당한 박기오의 여권이에요. 왼쪽에 영어와 불어, 오른쪽에는 한자로 여권이 내용이 적혀 있어요.

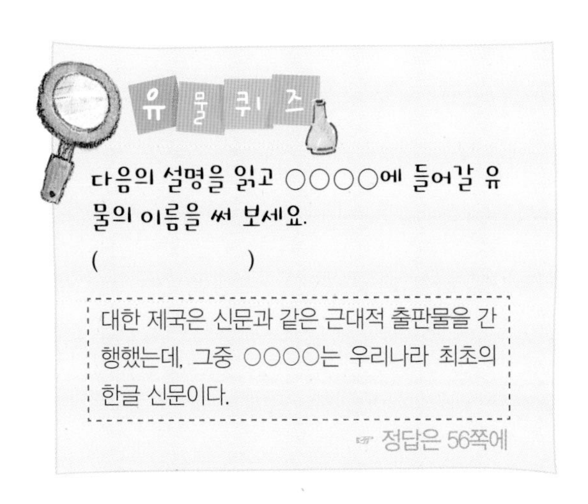

다음의 설명을 읽고 ○○○○에 들어갈 유물의 이름을 써 보세요.

(   )

대한 제국은 신문과 같은 근대적 출판물을 간행했는데, 그중 ○○○○는 우리나라 최초의 한글 신문이다.

☞ 정답은 56쪽에

중 · 근세관을 나서며

중·근세의 역사와 그 시대의 생활 모습은 어땠나요? 고려 시대에는 지금처럼 비행기나 전화 등의 교통·통신 수단이 발달하지 못했는데도, 중국과 일본은 물론 저 멀리 아랍 지역과 왕래했다는 것이 놀랍지 않나요? 조선 시대에는 고려 시대보다 비교적 많은 기록이 남아 있어서 당시 사람들이 어떻게 살았는지 짐작하기 쉬웠을 거예요.

시대에 따라 국가의 영토가 달라지기도 하고, 사람들이 겪는 어려움이나 즐거움도 달랐을 거에요. 또한 결혼이나 장례 풍습도 달랐어요. 그렇지만 우리와 비슷한 사람들이 서로 가정을 이루고 국가를 이루며 살았다는 점은 지금과 같아요.

과거는 현재와 미래를 보는 창이라고 하지요. 앞으로도 박물관에 남겨진 선조들의 발자취를 살펴보고, 현재와 미래의 모습을 상상해 보아요. 긴 역사를 통해서 우리 선조들이 남긴 훌륭한 유산은 무엇이 있는지 생각해 보아요.

대한의 상징
태극기
역사관의 유물을 보니 우리 조상들의 삶이 그대로 느껴지는 것 같아!
오늘 보고, 느낀 것들을 잊지 말아야지.

나는 중 · 근세관 박사!

국립중앙박물관 중 · 근세관을 통해 우리나라의 역사와 문화에 대해 잘 살펴보았나요? 새로운 문화를 발전시키는 데 옛것을 알고 이해하는 일은 참 중요해요. 그럼 중 · 근세관에 관련된 문제를 풀어 보면서 하나씩 되짚어 보아요.

1 알맞게 선을 이어 보세요.

다음 유물들은 중 · 근세관에 전시되어 있는 것들이에요. 유물이의 시대와 유물의 사진, 유물의 이름을 알맞게 선으로 이어 보세요.

고려	화성원행의궤도
조선	수령 옹주 묘지명
대한 제국	금동관음보살좌상
고려	칙명지보
조선	직지심체요절
대한 제국	경국대전

2 도전! 골든벨 O, X 퀴즈

다음은 훈민정음에 대한 설명이에요. ○ 또는 ×로 답하세요.

(1) 훈민정음의 자음은 입과 혀의 모양과 발음하는 모양새를 본떠 만들었어요. (　　)

(2) 훈민정음의 자음은 14개예요. (　　)

(3) 'ㄴ'은 혀끝이 위쪽 잇몸에 닿은 꼴을 본뜬 것이에요. (　　)

(4) 훈민정음은 모두 28자예요. (　　)

(5) 땅의 평평한 모양을 본떠 'ㅣ'를 만들었어요. (　　)

(6) 훈민정음은 '백성을 가르치는 바른 소리'라는 뜻이에요. (　　)

(7) 세종 대왕이 훈민정음을 처음 만들었을 때 신하들이 매우 좋아했어요. (　　)

3 알맞은 답을 써 보세요.

다음은 우리나라의 전통 사상에 대한 설명이에요. 각각 무엇에 대한 설명인지 보기에서 골라 답을 써 보세요.

보기	도교	유교	민간 신앙	불교

(1) 부모에 대한 효도, 임금에 대한 충성, 백성에 대한 어진 정치 등 현실적인 도덕과 가치를 강조했으며, 조선 시대에 이 사상을 가장 널리 실천했어요. (　　　　)

(2) 생활 속에서 자연스럽게 생겨난 것으로, 해와 달, 북두칠성, 나무, 새와 짐승 등 주변의 많은 것에 신령이나 어떤 의미가 깃들어 있다고 믿는 사상이에요. (　　　　)

(3) 중국의 민간 신앙과 도가, 유교, 불교 등 여러 가지 요소로 이루어진 것으로 신선처럼 불로장생하는 것이 최고의 목표인 사상이에요. (　　　　)

(4) 현실의 고통과 죽은 뒤의 세상에 대한 불안을 이기기 위해 부처와 보살에 복을 빌고 위안을 얻는 사상이에요. (　　　　)

정답은 56쪽에

나뭇잎 탁본 뜨기

중 · 근세관의 조선실에는 '이성계의 왜구 격퇴를 기념한 비문'이 있어요.
이것은 일제강점기 때 파괴된 원래의 비를 탁본한 것이에요. 거대한 비석을 탁본을 할 때는 세심하게 주의를 기울여야 하기 때문에 여러분이 직접 하기는 어려워요.
하지만 주변을 잘 둘러보세요. 우리 가까이에는 탁본을 할 수 있는 사물들이 참 많답니다.
나뭇잎, 꽃잎, 나무껍질, 물고기, 돌, 풀 등 자연 속에서도 찾아볼 수 있지요.
그럼, 지금부터 직접 탁본 뜨기를 해 볼까요?

이렇게 만들어요

나뭇잎, 화선지, 물감, 붓, 솜뭉치, 신문지, 양면 테이프

다음은 나뭇잎을 가지고 탁본을 뜨는 순서예요. 탁본을 통해 나뭇잎의 모양이 다 다르다는 것을 알게 될 거예요. 준비물은 잘 챙겼지요? 그럼, 시작해 보아요.

1. 나뭇잎을 준비해요.

가까운 공원이나 학교에 가서 바닥에 떨어진 나뭇잎을 주워요. 나뭇잎은 모양이 온전한 것이 좋아요.

2. 나뭇잎을 고정해요.

나뭇잎의 매끄러운 면에 양면 테이프를 붙여 신문지 위에 고정해요. 탁본을 뜨는 면은 오돌토돌한 면이에요. 그렇기 때문에 나뭇잎의 반들반들한 곳에 테이프를 붙여야 해요.

3. 물감을 칠해요.

좋아하는 색의 물감을 나뭇잎 위에 듬뿍 묻혀 골고루 칠해요.

4. 화선지에 탁본을 떠요.

물감을 칠한 나뭇잎을 화선지로 덮어요. 그리고 솜뭉치로 화선지 위를 골고루 부드럽게 문질러요.

5. 화선지를 떼어 내요.

물감이 잘 묻어났으면 화선지를 조심스럽게 떼어 내요. 어때요? 나뭇잎 무늬가 잘 찍혀 있나요?

이렇게 만들었어요

내가 직접 나뭇잎 탁본을 해 보았어요.

정답

여기서 잠깐!

9쪽 북쪽으로 진출해 고구려가 차지하고 있던 옛 땅을 되찾기 위해서였어요.

15쪽 요나라가 고려의 땅이라고 인정한 강동 6주를 다시 돌려줄 것과 고려의 왕이 직접 요나라에 와서 항복할 것을 요구하며 고려에 세번 째로 침입했어요.

21쪽 원나라가 100년 동안이나 만들어 놓았던 쌍성총관부를 없애고 북부의 영토를 되찾기 위해서였어요.

29쪽 그 당시 중국 문화를 따르고 있던 신하들은 한자가 아닌 글자는 오랑캐들이나 쓰는 것이라 생각했기 때문이에요.

36쪽 세계 지도, 지구의 같은 서양의 새로운 문물을 접했기 때문이에요.

42쪽 해동통보 → 조선통보 → 상평통보 당일전 → 상평통보 당백전

유물퀴즈

13쪽 십층, 좌상

19쪽 인종, 화엄경

23쪽 이제현, 묘지

37쪽 십도, 명나라

46쪽

화성원행의궤도

(O)

49쪽 독립신문

나는 중·근세관 박사!

❶ 알맞게 선을 이어 보세요.

다음 유물들은 역사관에 전시되어 있는 것들이에요. 유물이 있는 전시실과 유물의 사진, 유물의 이름을 알맞게 선으로 이어 보세요.

❷ 도전! 골든벨 O, X 퀴즈

다음은 훈민정음에 대한 설명이에요. O 또는 X로 답하세요.

(1) 훈민정음의 자음은 입과 혀의 모양과 발음하는 모양새를 본떠 만들었어요. (O)
(2) 훈민정음의 자음은 14개예요. (X)
(3) 'ㄴ'은 혀끝이 위쪽 잇몸에 닿은 꼴을 본뜬 것이에요. (O)
(4) 훈민정음은 모두 28자예요. (O)
(5) 땅의 평평한 모양을 본떠 'ㅣ'를 만들었어요. (X)
(6) 훈민정음은 '백성을 가르치는 바른 소리'라는 뜻이에요. (O)
(7) 세종 대왕이 훈민정음을 처음 만들었을 때 신하들이 매우 좋아했어요. (X)

❸ 알맞은 답을 해보세요.

다음은 우리나라의 전통 사상에 대한 설명이에요. 각각 무엇에 대한 설명인지 보기에서 골라 답을 해보세요.

보기	도교	유교	민간 신앙	불교

(1) 부모에 대한 효도, 임금에 대한 충성, 백성에 대한 어진 정치 등 현실적인 도덕과 가치를 강조했으며, 조선 시대에 이 사상을 가장 널리 실천했어요. (유교)

(2) 생활 속에서 자연스럽게 생겨난 것으로, 해와 달, 북두칠성, 나무, 새와 짐승 등 주변의 많은 것에 신령이나 어떤 의미가 깃들어 있다고 믿는 사상이에요. (민간 신앙)

(3) 중국의 민간 신앙과 도가, 유교, 불교 등 여러 가지 요소로 이루어진 것으로 신선처럼 불로장생하는 것이 최고의 목표인 사상이에요. (도교)

(4) 현실의 고통과 죽은 뒤의 세상에 대한 불안을 이기기 위해 부처와 보살에 복을 빌고 위안을 얻는 사상이에요. (불교)

사진 출처

국립중앙박물관 (중박200810-398) 9p(청자구형연적, 은제귀걸이, 청자상감동자당초문주자), 10p(경천사십층석탑) 11p(금동관음보살좌상, 《초조본 유가사지론》권 제 32), 12p(《고려인종시책》, 대화궁지와편), p13(문신 최윤의 묘지명), p14(《화엄경소》권 제 30), p16(무구정광대다라니경), p18(원나라에서 충선왕을 모시던 성리학자 이제현의 초상화), p19(수령 옹주 묘지명), p22(정몽주 초상), p23(《삼봉집》, 《포은 정몽주의 문집》), p26(이성계의 왜구 격퇴를 기념한 비문), p27(《경국대전》), p28(대쪽에 써 넣은 유교 경전과 경서통), p30(《사씨남정기》), p32(백패, 홍패), p33(《대동여지도》가운데 18번째 책을 펼쳐 놓은 모습, 《대동여지도》제 13층 서울 인근), p34(성학십도, 도산서원도), p35(명나라로 가는 바닷길, 조선의 학자와 중국의 사신이 주고받은 시), p36(에도성에 들어가는 통신사 행렬도, 곤여도), p38(통도사에서 베껴 쓴 화엄경, 왕세자의 만수무강을 비는 전패), p39(별자리 제사에 사용한 접시, 무당의 혼이 담긴 거울 명두, 산신 그림), p40(허목 초상화, 송시열 초상화), p41(수세패, 농촌의 추수 기록, 중화척, 네 면에 각각 다른 척도를 새긴 놋쇠 자, 대나무와 상아로 된 자), p42(해동통보, 조선통보, 상평통보 당일전), p44(영조의 기로소 엄소 기념 화첩, 사궤장연겸기영회첩), p45(규장각도, 화성원행의궤도), p48(칙명지보, 금책), p49(독립신문, 황성신문, 여권)

한글학회 p30(최현배의《우리말본》)

전쟁기념관 p15(귀주대첩 기록화)

간송미술관 p29(《훈민정음 해례본》)

청주고인쇄박물관 p17(직지심체요절)

오죽헌 시립 박물관 p30(현종이 쓴 편지)

서울대학교 규장각 한국학 연구원 p33(《대동여지도》각 책을 접어 놓은 모습)

성신여자대학교 박물관 p33(대동여지도)

선암사 p10(대각국사 의천 초상화)

서울 공민왕 사당 p21(공민왕 초상)

해남 윤씨 고택 p29(용비어천가)

해인사 p16 (팔만대장경 경판)

북티비티 p11(해인사에 보관되어 있는 팔만대장경)

※ 이 책의 사진은 해당 사진을 소장하고 있는 곳과 저작권자의 허락을 받아 실었습니다. 저작권자를 찾지 못하여 게재 허락을 받지 못한 사진은 저작권자를 확인하는 대로 다음 쇄를 찍을 때 반영하겠습니다.

초등학교 교과서와 관련된 학년별 현장 체험학습 추천 장소

1학년 1학기 (21곳)	1학년 2학기 (18곳)	2학년 1학기 (21곳)	2학년 2학기 (25곳)	3학년 1학기 (31곳)	3학년 2학기 (37곳)
철도박물관	농촌 체험	소방서와 경찰서	소방서와 경찰서	경희대자연사박물관	IT월드(과천정보나라)
소방서와 경찰서	광릉	서울대공원 동물원	서울대공원 동물원	광릉수목원	강원도
시민안전체험관	홍릉 산림과학관	농촌 체험	강릉단오제	국립민속박물관	경희대자연사박물관
천마산	소방서와 경찰서	천마산	천마산	국립서울과학관	광릉수목원
서울대공원 동물원	월드컵공원	남산골 한옥마을	월드컵공원	국립중앙박물관	국립경주박물관
농촌 체험	시민안전체험관	한국민속촌	남산골 한옥마을	기상청	국립고궁박물관
코엑스 아쿠아리움	서울대공원 동물원	국립서울과학관	한국민속촌	서대문자연사박물관	국립국악박물관
선유도공원	우포늪	서울숲	농촌 체험	선유도공원	국립부여박물관
양재천	철새	갯벌	서울숲	시장 체험	국립서울과학관
한강	코엑스 아쿠아리움	양재천	양재천	신문박물관	남산
에버랜드	짚풀생활사박물관	동굴	선유도공원	경상북도	남산골 한옥마을
서울숲	국악박물관	고성 공룡박물관	불국사와 석굴암	양재천	롯데월드 민속박물관
갯벌	천문대	코엑스 아쿠아리움	국립중앙박물관	경기도	국립민속박물관
고성 공룡박물관	자연생태박물관	옹기민속박물관	국립민속박물관	이화여대자연사박물관	삼성어린이박물관
서대문자연사박물관	세종문화회관	기상청	전쟁기념관	전쟁기념관	서대문자연사박물관
옹기민속박물관	예술의 전당	시장 체험	판소리	천마산	선유도공원
어린이 교통공원	어린이대공원	에버랜드	DMZ	한강	소방서와 경찰서
어린이 도서관	서울놀이마당	경복궁	시장 체험	화폐금융박물관	시민안전체험관
서울대공원		강릉단오제	광릉	호림박물관	경상북도
남산자연공원		몽촌역사관	홍릉 산림과학관	홍릉 산림과학관	월드컵공원
삼성어린이박물관		국립현대미술관	국립현충원	우포늪	육군사관학교
			국립4·19묘지	소나무 극장	해군사관학교
			지구촌민속박물관	예지원	공군사관학교
			우정박물관	자운서원	철도박물관
			한국통신박물관	서울타워	이화여대자연사박물관
				국립중앙과학관	제주도
				엑스포과학공원	천마산
				올림픽공원	천문대
				전라남도	태백석탄박물관
				경상남도	판소리박물관
				허준박물관	한국민속촌
					임진각
					오두산 통일전망대
					한국천문연구원
					종이미술박물관
					짚풀생활사박물관
					토탈야외미술관

4학년 1학기 (34곳)	4학년 2학기 (56곳)	5학년 1학기 (35곳)	5학년 2학기 (51곳)	6학년 1학기 (36곳)	6학년 2학기 (39곳)
강화도	IT월드(과천정보나라)	갯벌	IT월드(과천정보나라)	경기도박물관	IT월드(과천정보나라)
갯벌	강화도	광릉수목원	강원도	경복궁	KBS 방송국
경희대자연사박물관	경기도박물관	국립민속박물관	경기도박물관	덕수궁과 정동	경기도박물관
광릉수목원	경복궁 / 경상북도	국립중앙박물관	경복궁	경상북도	경복궁
국립서울과학관	경주역사유적지구	기상청	덕수궁과 정동	고성 공룡박물관	경희대자연사박물관
기상청	경희대자연사박물관	남산골 한옥마을	경상북도	국립민속박물관	광릉수목원
농촌 체험	고창, 화순, 강화 고인돌유적	농업박물관	경희대자연사박물관	국립서울과학관	국립민속박물관
서대문자연사박물관	전라북도	농촌 체험	고인쇄박물관	국립중앙박물관	국립중앙박물관
서대문형무소역사관	고성 공룡박물관	서울국립과학관	충청도	농업박물관	국회의사당
서울역사박물관	충청도	서울대공원 동물원	광릉수목원	롯데월드 민속박물관	기상청
소방서와 경찰서	국립경주박물관	서울숲	국립공주박물관	몽촌토성과 풍납토성	남산
수원화성	국립민속박물관	서울시청	국립경주박물관	민주화현장	남산골 한옥마을
시장 체험	국립부여박물관	서울역사박물관	국립고궁박물관	백범기념관	대법원
경상북도	국립서울과학관	시민안전체험관	국립민속박물관	서대문자연사박물관	대학로
양재천	국립중앙박물관	경상북도	국립서울과학관	서대문형무소 역사관	민주화 현장
옹기민속박물관	국립국악박물관 / 남산	양재천	국립중앙박물관	서울역사박물관	백범기념관
월드컵공원	남산골 한옥마을	강원도	남산골 한옥마을	조선의 왕릉	아인스월드
철도박물관	농업박물관 / 대법원	월드컵공원	농업박물관	성균관	서대문자연사박물관
이화여대자연사박물관	대학로	유명산	롯데월드 민속박물관	시민안전체험관	국립서울과학관
천마산	롯데월드 민속박물관	제주도	충청도	경상북도	서울숲
천문대	몽촌토성과 풍납토성	짚풀생활사박물관	서대문자연사박물관	암사동 선사주거지	신문박물관
철새	불국사와 석굴암	천마산	성균관	운현궁과 인사동	양재천
홍릉 산림과학관	서대문자연사박물관	한강	세종대왕기념관	전쟁기념관	월드컵공원
화폐금융박물관	서울대공원 동물원	한국민속촌	수원화성	천문대	육군사관학교
선유도공원	서울숲	호림박물관	시민안전체험관	철새	이화여대자연사박물관
독립공원	서울역사박물관	홍릉 산림과학관	시장 체험 / 신문박물관	청계천	중남미박물관
탑골공원	조선의 왕릉	하회마을	경기도	짚풀생활사박물관	짚풀생활사박물관
신문박물관	세종대왕기념관	대법원	강원도	태백석탄박물관	창덕궁
서울시의회	수원화성	김치박물관	경상북도	해인사 고려대장경과 장경판전	천문대
선거관리위원회	승정원 일기 / 양재천	난지하수처리사업소	옹기민속박물관	호림박물관	우포늪
소양댐	옹기민속박물관	농촌, 어촌, 산촌 마을	운현궁과 인사동	유니세프 한국위원회	판소리박물관
서남하수처리사업소	월드컵공원	들꽃수목원	육군사관학교	무령왕릉	한강
중랑구재활용센터	육군사관학교	정보나라	이화여대자연사박물관	현충사	홍릉 산림과학관
중랑하수처리사업소	철도박물관	드림랜드	전라북도	덕포진교육박물관	화폐금융박물관
	이화여대자연사박물관	국립극장	전쟁박물관	서울대학교 의학박물관	훈민정음
	조선왕조실록 / 종묘		창경궁 / 천마산	상수허브랜드	상수도연구소
	종묘제례		천문대		한국자원공사
	창경궁 / 창덕궁		태백석탄박물관		동대문소방서
	천문대 / 청계천		한강		중앙119구조대
	태백석탄박물관		한국민속촌		
	판소리 / 한강		해인사 고려대장경과 장경판전		
	한국민속촌		화폐금융박물관		
	해인사 고려대장경과 장경판전		중남미문화원		
	호림박물관		첨성대		
	화폐금융박물관		절두산순교성지		
	훈민정음		천도교 중앙대교당		
	온양민속박물관		한국에너지기술연구원		
	아인스월드		한국자수박물관		
			초전섬유퀼트박물관